中国传统文化与高校德育教育研究

张香君　著

北京工业大学出版社

图书在版编目（CIP）数据

中国传统文化与高校德育教育研究 / 张香君著．——
北京：北京工业大学出版社，2023.2
　　ISBN 978-7-5639-8249-3

　　Ⅰ．①中… Ⅱ．①张… Ⅲ．①中华文化－关系－高等
学校－德育工作－研究－中国 Ⅳ．①K203②G641

中国版本图书馆 CIP 数据核字（2022）第 026926 号

中国传统文化与高校德育教育研究

ZHONGGUO CHUANTONG WENHUA YU GAOXIAO DEYU JIAOYU YANJIU

著　　者：张香君
责任编辑：吴秋明
封面设计：知更壹点
出版发行：北京工业大学出版社
　　　　　（北京市朝阳区平乐园 100 号　邮编：100124）
　　　　　010-67391722（传真）　bgdcbs@sina.com
经销单位：全国各地新华书店
承印单位：唐山市铭诚印刷有限公司
开　　本：710 毫米 ×1000 毫米　1/16
印　　张：11.25
字　　数：225 千字
版　　次：2023 年 4 月第 1 版
印　　次：2023 年 4 月第 1 次印刷
标准书号：ISBN 978-7-5639-8249-3
定　　价：72.00 元

作者简介

张香君，女，1982年2月生，汉族，江苏靖江人，毕业于南京艺术学院音乐教育专业，硕士研究生，讲师。国家级非遗——南京白局传承人，江苏省音乐家协会会员，南京市曲艺家协会会员。

前　言

中国传统文化源远流长，它不仅是我们回顾历史的重要依据，而且有许多精华值得当今高校德育教育借鉴。高校德育教育是中国传统文化传播、继承和发扬的重要载体。因此，高校要推进中国传统文化与高校德育教育的融合，继承和弘扬中国传统文化，提倡和实施以德育教育为核心的思想道德教育，促进中国传统文化创新。

基于此，本书主要阐述了中国传统文化的产生与发展、中国传统文化的内涵与特点、中国传统文化与高校德育教育融合的现状、中国传统文化与高校德育教育融合的价值、中国传统文化与高校德育教育融合的路径等内容，这些对实现立德树人的基本目标，促进创新和发展德育教育模式都有很好的现实指导意义。

全书共五章。第一章为绪论，主要阐述了中国传统文化的产生与发展、中国传统文化的内涵与特点、中国传统文化的历史定位、中国传统文化中的德育教育资源、中国传统文化在高校德育教育中的应用等内容；第二章为中国传统文化与高校德育教育融合的现状，主要阐述了中国传统文化与高校德育教育融合的实际成效、中国传统文化与高校德育教育融合的症结所在、中国传统文化与高校德育教育融合之问题探因等内容；第三章为中国传统文化与高校德育教育融合的原则和维度，主要阐述了中国传统文化与高校德育教育融合的基本原则、中国传统文化与高校德育教育融合的四个维度；第四章为中国传统文化与高校德育教育融合的价值，主要阐述了中国传统文化与高校德育教育融合的必要性、中国传统文化与高校德育教育融合的可行性、中国传统文化与高校德育教育融合的现实价值等内容；第五章为中国传统文化与高校德育教育融合的路径和发展趋势，主要阐述了中国传统文化与高校德育教育融合的路径、中国传统文化与高校德育教育融合的发展趋势等内容。

为了确保研究内容的丰富性和多样性，在写作过程中笔者参考了大量理论与研究文献成果，在此向涉及的专家学者表示衷心的感谢。限于笔者水平，本书难免存在一些不足，在此，恳请同行专家和读者朋友批评指正！

目　录

第一章 绪论

坚实的理论基础是展开研究的基石。因此，要研究中国传统文化与高校德育教育的融合现状及路径，首先要科学认识中国传统文化的内涵、特点等内容。在掌握核心概念后厘清中国传统文化中蕴含的德育教育资源以及中国传统文化在德育中的应用意义，为路径研究提供理论指导。本章分为中国传统文化的产生与发展、中国传统文化的内涵与特点、中国传统文化的历史定位、中国传统文化中的德育教育资源、中国传统文化在高校德育教育中的应用五部分。

第一节 中国传统文化的产生与发展

一、中国传统文化产生的背景

（一）地理环境对中国传统文化的影响

1.地理环境对中国传统文化多样性的影响

不同的地理环境与物质条件，使人们形成了不同的生活方式和思想观念。复杂的地形地势和气候使中国文化的发展演变表现出明显的地域差异。由于中原地区自然环境相对优越，文明起步较早，历史上形成了各民族聚居、多元文化融合的趋势，从而出现了中国传统文化形成发展过程中的多元一体格局。

中国的地势特点是西北高、东南低，高山、高原以及大型内陆盆地主要分布在西部，丘陵平原以及较低的山地多见于东部，宽阔缓斜的大陆架则在我国大陆东南延伸至海下。地势自西而东层层下降，形成落差显著的"三级阶梯"的复杂地形，高原、平原、大山、大川错落相间，构成许多独立的地理单元。从而产生的中国传统文化是农业文化。

我国地形多样，既有广袤的平原，也有纵横的山脉，还有蜿蜒的海岸。不同的地形，构成了不同的经济区域，孕育了不同的人文，铸就了文化的多元性。中国多山多水的地形地貌，既孕育了古代文人，也造就了富有特色的中国山水文化，主要表现在游览、文学和绘画等方面。孔子说"智者乐水，仁者乐山"（《论语·雍也》），以水喻智，以山比仁，这种以物比人之品性格调的手法，屡见于中国的政论、品文和文学艺术中，特别是魏晋以后，文人墨客盛行游山玩水，在文学界形成了山水诗派，在绘画界有山水画派。

气候从南到北，既有热带，又有寒温带，气温差异影响农作物的生长期，对农民的垦殖产生影响，所以形成人口南移、文化南进的趋势，以年降水量400毫米为界，中国约可分为温润的东南和干寒的西北两大区域。自然条件的差异，使前者被人们开辟为农耕区，养育出以定居农业为基石的农耕文化；后者则成为游牧区，繁衍出以游牧为生、善骑战的游牧文化。

农耕与游牧文明构成了中国古代文明的主体。一般来说，农耕民族依恋土地，重农轻商，居安思稳，保守平和；游牧民族迁徙不定，重牧轻农，勇猛好斗。在中国历史上，农耕民族与游牧民族有过长期的对垒，如，军事上有长城的防御、战争的对立，文化观念上中原与周边、内地与边疆、蛮荒之地与礼仪之邦等的对立。但是，农耕民族与游牧民族在历史上通过迁徙、聚合、战争、和亲、互市等途径，实现彼此交流，互相融合。

如果以长江为界简单地把中国划分为南北两大块的话，南北文化存在着差异。北方辽阔的黄土地和黑土地，景色壮丽，冬季干燥寒冷，天空高远凄凉，在这种环境下，人的性情多厚重、强悍、豪爽等；而南方水流纵横，山色清华，植物繁丽，气候温暖湿润，在这种环境下，人的性情多柔婉、细腻、灵捷、浪漫等。

如果以区域细分的话，在中华大地上齐鲁文化、三晋文化、吴越文化、巴蜀文化、西域文化、荆楚文化、三秦文化、关东文化、岭南文化等地域文化共同构成锦绣中华的历史画卷。

2.地理环境对开放与封闭的影响

中国的地理环境究竟是有利于开放，还是有利于封闭？对这个问题要具体分析，不能简单地肯定或否定。首先，地理环境的开放与封闭是相对的，不存在绝对的开放或封闭。中国的西北、西南多是高原、高山、戈壁、荒漠，但东南却有一万多公里的海岸线，可以通向各地。就是在西北和西南，也存在着多处通道，在公元前已开辟的著名的丝绸之路，就是有力的证明。

其次，在不同的生产力条件下，地理障碍的影响也是不同的。人类早期所无法逾越的障碍，以后大多成了坦途。但即使生产力提高了，地理障碍的影响依然存在，所以即使在今天，青藏高原和云贵高原的交通建设还是要比华北平原和长江中下游地区稍显困难。

最后，自然地理环境并不是决定开放与否的唯一条件，海洋也不是开放的唯一途径。滨海或环海的地理环境不一定等于优越的条件，更不会自然地产生先进的文明。海上航行只是一种交通联系和传播文明的手段，关键还取决于是否存在文明的发源地以及接受者的态度。如在唐朝以前中国与世界其他国家地区的联系主要依靠陆路，所以地处内陆的长安和洛阳反而比大多数沿海地区更加开放。

（二）传统经济对中国传统文化的影响

1. 农耕文明的起源

1973 年，考古工作者在浙江省余姚市发现了我国新石器时代文化遗址之一——距今大约 7000 年的河姆渡文化遗址。在该遗址中有稻作农业遗迹，尤其令人瞩目的是发现了至今仍然能培植发芽的水稻颗粒种子，证明中国至少在7000 年以前就有了稻作农业生产。

在北方，考古工作者在甘肃的大地湾遗址发现有距今大约 8000 年的粮食作物——粟，证明我国北方地区在当时已有了成熟的粟作农业。

南方河姆渡文化的稻作农业与北方地区发现的以粟和黍两种小米为主的旱地农业，共同构成了中国农耕文明的起源。

2. 中国农耕自然经济的发展历程

人类社会最早的经济形态是自然经济。自然经济即自给自足的经济，是相对于商品经济而言的一种自发经济，具有生产分散、规模狭小、技术落后、排斥社会分工等特点。生产的目的在于满足自身的消费，亦即为最基本的生存、生活而进行的一种简单劳动和生产。

自然经济存在于我国原始社会、奴隶社会、封建社会和近代半殖民地半封建社会之中。

在原始社会，人们只能用简单的石器作为生产工具进行生产，生产力水平低下，生产技术落后，生产规模狭小。

在奴隶社会，随着生产力水平的不断提高，生产规模不断扩大，人类社会出现了分工。手工业从农业中分离出来，继而进一步促进了生产和技术水平的提高，特别是手工业技术得到迅速发展，包括冶炼和铸造技术，也在人们的长期劳动实践中，为人们所不断掌握和提高。于是，将金属矿砂进行冶炼和加工，并铸造为青铜器也就成为可能，我国因此成为世界上掌握青铜冶炼技术最早的国家。我国是青铜文明的古国，历史上铸造的青铜器在世界上十分有影响，为世界的青铜文明做出了重要贡献。

即便奴隶社会有了社会分工，但在生产形式上，仍然与原始社会一样，处于自然经济状态。这不但因为原始社会和奴隶社会生产力水平极其低下、生产工具原始落后，还因为当时的生产特点仍然是自给自足，生产的目的是满足自身的需要，而不是用于交换，它仍然属于自然经济的范畴。

在封建社会，虽然出现了商品经济，商品经济得到一定程度的发展，但由于统治者推行"重农抑商"的政策，使得商品经济难以继续发展，自然经济仍占据主导地位。随着商品经济的进一步发展，尤其是1840年鸦片战争后，自然经济才渐渐退出历史舞台。

3. 农耕经济对中国传统文化的影响

中国农耕经济对中国文化的持续性、包容性等都产生了重大的影响。

第一，中国农耕经济的持续性造就了中国文化的持续性。中国的农耕社会经历了无数次大大小小的天灾人祸的考验，始终未曾陷入难以克服的困境，而循环式的复苏和进步则周而复始，使农业自然经济得以长期延续。农耕经济的持续性造就了中国文化的持续性，传统农业的持续发展保证了中华文明的绵延不断，使其具有极大的承受力、愈合力和凝聚力。

第二，中国农耕经济的多元成分结构，促成了中国文化兼收并蓄的包容性格，彰显了强健的生命延续力。中国不同区域文化的格局导致了中国文化的多元结构，然而随着中国农耕经济不断向周边扩展，中国文化的包容性，又促使这些区域文化相辅相成，渐趋合一。

第三，农耕经济的多元成分结构，促进了中国封建社会经济的充分发育，造就了灿烂辉煌的中国古代文化。但是，中国农耕经济既早熟又不成熟，造成了中国文化的早熟性和凝重性格。随着中国封建社会从前期过渡到后期，中国文化日益露出凝重的保守性格，特别是晚清统治者盲目自负、唯我独尊，等到了近现代以来，中国人前赴后继、卧薪尝胆、砥砺自强、发奋改革，找到了自强自新之道，才使中国文化重获新生。

（三）政治结构对中国传统文化的影响

1. 中国传统文化的伦理型特征

社会结构的宗法型特征，致使中国传统文化形成了伦理型的特征。这种特征的形成给社会的发展带来的影响既有正面的，也有负面的。其正面影响表现在以下几个方面。

一是具有浓烈的"孝亲"情感。这种情感不仅体现为对死去先祖的隆重祭奠，而且更体现在对活着的长辈的顺从、孝敬。"百善孝为先"，在中国文化系统内，孝道被视作一切道德规范的核心和母体，忠君、敬长、从兄、尊上等都是孝道的延伸。

二是使中华民族凝聚力增强。中华民族凝聚力是中华民族赖以统一、独立和生存、发展的内在动力。它是由多种要素、多种条件有机构成的合力，是一个伴随着中华民族的形成发展而形成发展、具有自身特征和多方面功能的动态系统。中华民族凝聚力形成的内部因素主要有两个：一个是自然因素，另一个是社会因素。自然因素主要指血缘、地缘关系，这种因素在民族凝聚力生成时期所起的作用是比较大的；社会因素包括先进、发达的物质经济，进步、成熟的政治力量和政治制度，以及优秀、丰富的思想文化。

三是对传统极为尊重。学者、思想家讲究学说的传承性，文人墨客则推崇"文统"，"文必秦汉、诗必盛唐"的复古主张成为千古不绝的文学史主题，艺术流派、工艺行帮以及医科更讲究"家法"，"祖传秘方"便是医家取信患者的法宝。即使是那些不满现状的政治改革家，也往往要借"托古"来推行"改制"，否则便难以得到社会的认可和民众的拥护。这种对传统的尊重，使得中国文化成为世界罕见的不曾中断的文化系统，大大强化了中国文化的延续力。

2. 中国传统文化的政治型特征

中国传统文化中的大一统思想是儒家所倡导的、植根于中华民族心理的重要思想观念，是我国传统思想文化的重要体现。

面对春秋晚期群雄割据、分崩离析、兵连祸结的混乱局面，许多思想家、政治家力图找出挽救时局的政治药方，大一统思想就在这样的背景下应运而生。第一个大力倡导大一统思想的人是孔子，他曾称赞管仲辅助齐桓公"一匡天下"。"一匡天下"就是一统天下，一统于"中国"。战国时期，诸子百家争鸣，尽管各家主张大相径庭，但在建立统一国家这一点上却是基本一致的。儒家主张用"仁政"来实现"大一统"；法家主张用"法治"来统一天下；墨家则强调以"非攻""兼爱"来实现统一，方法虽有不同，但建立统一国家的目标却是一致的。

秦国的商鞅变法使秦国获得了"天下定于一"的基本条件，公元前221年秦始皇统一中国。秦汉时期，特别是汉初董仲舒对儒家统一理论的继承和阐发以及汉武帝政治上"汉承秦制"、思想上"罢黜百家，独尊儒术"，把大一统的思想发展成了较完整的理论体系，成了各族人民的共识，并转化为全国各阶层的心理定势。

大一统观念使忠君与爱国融为一体。在民族矛盾冲突之际，一些志士仁人宁愿牺牲自己的生命也绝不事异族，事二主，背叛祖国，从而产生了一大批爱国之士，有宁死不屈的文天祥，视死如归的邓世昌等。中国传统文化中的大一统思想造就了中华民族尊老、讲究孝道的社会风尚，对于社会和政治的稳定起着重要的作用。

二、中国传统文化的原始萌生

（一）远古——中国传统文化的起源与发端

中国先哲与当代学者往往以"上古"来概括发明并使用文字以前的历史阶段，而这一遥远的文化期正是中国文化发端的初始阶段。

1. 中国人的起源

文化的实质性含义是"人化"或"人类化"。有了人，就开始有了历史，也开始有了文化。因此，中国文化起源与中国人起源实质上是联系在一起的。

1965年5月，考古学者从云南元谋上那蚌村发现了距今约170万年的猿人化石，定名为元谋猿人，这是中国境内最早的人类活动的历史确证。70年代以来，人类的直系远祖腊玛古猿的许多材料，以及人类从直立人（猿人）、早期智人（古人）到晚期智人（新人）各个发展阶段的丰富材料相继发现，不断证明世界上迄今只有中华大地在人类起源的各个环节中没有缺环。

根据人种学分类，中国人属蒙古人种。从元谋人、蓝田人到马坝人、大荔人，再到山顶洞人，颧骨高突、铲形门齿、印加骨、额中缝等一系列现代蒙古人种所具有的典型体征在明显的进化趋势中一脉相承。

从古猿转变到人类，这是两大物质形态之间的转变，是生命物质所实现的质的飞跃，而文化就产生于从猿到人的转变中。

2. 原始物质文化

在文化产生的过程中，最早出现的是工具。猿人最初使用的工具是天然和简单加工的石块，考古学上将这一时期称为旧石器时代。从元谋人直到距今约7000年前的四川资阳人均处于这一时代。

火的使用是旧石器时代先民的一项具有划时代意义的文化创造。在中国神话传说中，取火技术的发明权有时记在"燧人氏"名下，有时记在"伏羲"名下，有时又归功于"黄帝"。这种歧说并陈的现象，正反映了原始初民经过广泛的、多渠道的实践才发明取火技术的文化史的本来面目。如果说制造石器使人与动物开始"分手"，那么，火的使用标志着人与动物的最后"诀别"。

火尽管不同于一般的工具，如石器、木器、骨器等，是一种化学反应现象，但是，作为猿人进行物质生活的重要手段，火的使用从本质上讲也属于工具的范围。就性质而言，工具无疑是一种物质产品，然而，制造工具的活动中已包含有意识性内容，因此，在从猿到人的转化过程中产生出来的工具，不仅是人类物质文化的开端，而且直接标志着文化的起源。

从距今7000年开始，中华先民进入了新石器时代，磨制的较为精致的石器取代了打制的粗糙的石器。农业、畜牧业取代采集狩猎，成为首要的生产部门。以"泥条盘筑"为主要制作方法的陶器也广泛出现。

3. 原始观念文化

在物质文化长足进展的同时，中国先民的观念文化亦日益丰富、深化。原始宗教与原始艺术便是其主要存在形态。

中华先民原始宗教崇拜的对象非常广泛，大致可分为自然崇拜、生殖—祖先崇拜和图腾崇拜三大类。

对大自然的崇拜（太阳、大地）是先民最原始的崇拜形式之一，在仰韶、屈家岭、马厂等文化遗址出土的陶器上，人们往往发现表现太阳图形的纹饰。江苏连云港将军崖、四川珙县、云南沧源、广西宁明的新石器时代岩画上，也清晰无误地出现了太阳神的形象。

中华先民对于自身的繁衍非常关注，由此产生炽热的生殖崇拜。从辽宁牛河梁和东山咀红山文化遗址发掘出来的高腹丰臀、乳房硕大的陶塑女神像，在相当广阔的新石器文化遗址中发现的男性生殖崇拜物——石祖、陶祖，发现于新疆呼图壁县境内的大型生殖崇拜岩画，都展示了人们对生命崇祀的庄严情感。

原始人一方面重视子孙的繁衍；另一方面也崇敬创造生命的祖先。在母系氏族社会，主要是供奉女性祖先，随着父系民族社会的到来，男性祖先日渐成为供奉对象。祖先崇拜往往有严格的仪式，这些仪式中寄托了中华先民对祖先创造生命的虔诚崇拜。

与自然崇拜和生殖—祖先崇拜不同，图腾崇拜主要是由于在原始思维中，类比和联想是主要方法，原始人一般都相信自己的氏族与某种动物、植物或无生物之间有一种特殊的亲密联系，并以之作为氏族崇拜的对象，这就是"图腾"。

4.上古文化分布

中华文化在中国大地上的发生，一开始即呈多元状态。不但黄河流域，而且长江流域、珠江流域，甚至东北和北方地区，都有旧石器及新石器时代文化遗址的广泛发现。基于考古实迹，学者们提出了中国文化多元发生的新解释。1977年，夏鼐发表《碳十四测定年代和中国考古学》，划分中国古代文明为七大区域。苏秉琦则划分起源期的中国文化为六大区系（陕、豫、晋邻境地区；山东及邻省一部分地区；湖北和邻省地区；长江下游地区；以鄱阳湖—珠江三角洲为中轴的南方地区；以长江地带为重心的北方地区）。

中华先民的一部分，很早就自称"诸夏"或"华夏"，或单称"华""夏"。华夏集团发祥于黄土高原，后沿黄河东进，散布于中国的中部及北部的部分地区，即仰韶文化、龙山文化分布区。华夏集团内又分两支：一支称黄帝，一支称炎帝。神话传说中那位桀骜不驯的共工氏，也属于这个集团。

东夷集团的活动区域，大致在今山东、河南东南和安徽中部一带，即大汶口文化、龙山文化及青莲岗文化江北类型分布区。与黄帝恶战的蚩尤、射日的后羿，都属于这个集团。

苗蛮集团主要活动于湖北、湖南、江西一带，即大溪文化、屈家岭文化分布区。如若向东延伸，河姆渡文化、良渚文化等也可归于此集团。大名鼎鼎的伏羲、女娲都属于这个集团。

在中国跨入文明时代门槛的前夕，黄河流域出现了一系列部落联盟之间的兼并战争。首先是炎帝、黄帝诸部联军在涿鹿大败蚩尤，从而完成了炎黄诸部与蚩尤部落的融合。继之而来，炎黄二帝发生冲突，阪泉一战，黄帝打败了炎帝，炎帝溃败，向东南方转移。

（二）夏商周——中国传统文化的雏形和奠基

公元前21世纪，中国历史上第一个国家政权夏王朝建立起来，中国传统文化进入了勃发阶段。在夏商西周时期，从文字的发明到青铜器具的普及，从宗法、礼乐制度的创建到人本精神的确立，中国传统文化迈出了巨大的一步，为以后的更大发展奠定了基础。

1.汉字的发明与使用

文字是记录语言的符号系统，是人们用以表达思想感情、进行人际交往、发展传统和文化的主要工具，它的发明和使用，使人们的交流跨越了时空障碍，引导人类从"野蛮时代"进入了"文明时代"，成为文明社会最重要的标志之一。

汉字的产生在历史上有过多种的说法，有源于结绳说，有起于八卦说，更有仓颉造字说。其实文字的产生是社会生产力发展到一定程度的产物。上古时期，人们采用结绳、木刻、图画等方式来记事，帮助记忆。在漫长的经验积累过程中，一些符号反复使用，逐渐孕育出文字。从大约新石器时代晚期，汉字开始进入起源阶段，到大约 5500 年以前，开始出现了一些简单文字，社会进入了有文字的时期，中国汉字也就逐渐产生了。

汉字早期的形态是以殷商的甲骨文为代表。它是刻契在龟甲和兽骨上的文字，主要是用以记录占卜，所涉内容有社会政治、经济和文化等方面。甲骨文是一种比较成熟的文字：字形结构已经出现了后世汉字的六种造字和用字方法；读音也基本上是一字一音；已具有方块字这种汉字独特的书写形式，其行文方法与后来汉字的行文方法相同，都是自上而下竖列书写。金文也是汉字早期的形态之一。金文即青铜铭文，它是铸在青铜礼器上的文字，在商代后期就已产生，到西周时期兴盛发达起来，记载内容多为国家政令、贵族功德和铸造原因等。与甲骨文相比，由于金文的书写工具和材料的不同，其文字笔画一般比较粗壮，起止不露笔锋，大小各异。金文较甲骨文，文字数量大大增加；造字方法以形声字为主，使汉字向形声化方向发展。

甲骨文、金文的产生奠定了汉字进一步发展的基础，使汉字在形、音、义三个方面具有了独特的韵味，蕴含着深刻的美。其形美在于结构合理，每一字形都能模拟一定的事物，体现着形式与内容的统一；音美在于韵多声少，抑扬顿挫，能因不同情况以不同的音律和音调，表达适当的思想感情；意美在于词汇丰富，近义词、同义词的充分展示，使其含义表达更为清晰准确。

2. 从神本走向人本

公元前 16 世纪，殷商灭亡了夏朝，建立了空前强大的国家政权，奴隶制社会进入强盛时期。这一时期脱离原始社会不久，受生产力和科学水平发展的限制，在原始思维方式的支配下，其文化具有浓厚的宗教色彩。殷商人观念中的神，地位最高的是"帝"或"上帝"，它统率各种自然力，也主宰人间事物。为了听命于"上帝"，按照"鬼神"意旨办事，殷商人以卜筮来决定自己的行止。商人祭祀十分普遍，商王既是政治上的最高统治者，又是最高的祭司。因此，在殷墟出土的甲骨文，其主要内容都是占卜的记录。

公元前 11 世纪，周人取殷商而代之。从周朝建立到周平王迁都洛邑，史称西周时期。西周是奴隶制社会发展的鼎盛时期，在继承殷商的典章制度、文字、工艺技术等成果的基础上，思想文化上有了进一步的发展。西周统治者一方面因袭商代种族血缘统治方法，并将其同政治关系紧密结合起来，形成了完备的宗法制度；另一方面承袭商人的天神观念，提出天命神权的思想，将上帝与周王的关系比作天与天子的关系，用"德"的概念进行限制，强调上帝也要"唯德是辅"。在周人看来，殷人宣称自己的统治是上天的意志，可是最终灭亡，因此要想维持自己的统治，不能一味地依靠上帝，必须实行"德政"，才能得到"民心"，因而提出了"敬德保民"的重要思想。中国传统文化中的德治主义、民本主义，皆肇始于此。

西周文化的另一特征为"尊礼文化"。周代有"经礼三百、曲礼三千"，礼乐制成为周代文化的集中体现，它既是典章制度的总汇，又是人们各种行为规范的准则；此后，周人的冠、婚、丧、祭以及视、听、言、动，都用礼乐加以规范，体现的是人与人之间的上下尊卑等级关系和亲疏远近关系。西周时期还出现了最初的阴阳五行思想，西周初年的《易经》，已经蕴含着"阴"和"阳"的意思，并试图以代表两种不同性质原理的符号，以及排列组合的变化来解释自然界和人类社会的现象。

总之，西周时期的天命神权思想、敬德保民思想以及阴阳五行思想，尽管体系不完整，但对中国文化的发展产生了深刻的影响，特别是周人的人本思想、礼乐文化冲淡了殷商时期的神本文化，为春秋时期思想界的"百家争鸣"奠定了基础，具有决定中国文化模式转换的重要意义。

3. 发达的青铜文化

青铜是纯铜加锡或铅的合金，因其锈呈青绿色而得名，它具有熔点低、硬度大、易铸造等优点，是最早为人类利用的金属，人们在这一时期创造的文化亦被称为青铜文化。夏代，中国社会就进入了青铜时代，商周时期青铜文明成就辉煌，科技文化等方面都有巨大发展，达到青铜时代的高峰。

青铜文化的发达首先在于青铜冶炼技艺进入高度发展时期，这标志着生产力水平的提高。根据考古发现，商周时期不仅出现了大规模的冶炼铸造作坊，而且采用了与后世铸铜合金成分相近的配置标准。青铜在这一时期作为制造生产工具、生活用具和武器的重要原料，一出现就在各个领域取代了石器和陶器，被铸造成各式各样的复杂器物。在各种青铜器中，最重要的是礼器，它们既是贵族的日常生活用具，又是祭祀、朝聘、宴飨等重要社会活动的礼仪用品，具有"明贵贱、辨等列"和通神灵的特殊作用。其中鼎为最重要，一度成为国家政权的象征物。青铜器也具有很高的艺术价值，青铜器上的花纹凝重繁复，样式不同。饕餮纹庄重而富于图案化，凤鸟纹被视为吉祥而盛行，还有云雷纹、三角纹、瓦纹和蕉叶纹等。

三、中国传统文化的发展演变

（一）春秋战国——中国传统文化的形成和繁荣发展时期

公元前 722 年，周平王从关中盆地丰镐东迁到伊洛盆地的洛邑，从而揭开了春秋战国的帷幕。春秋 300 年间"弑君三十六，亡国五十二，诸侯奔走不得保其社稷者，不计其数"（《史记·太史公自序》）；战国 250 余年间，发生大小战争 220 余次，"争地以战，杀人盈野；争城以战，杀人盈城"（《孟子·离娄上》）。整个春秋战国时期呈现出"礼崩乐坏"的局面。然而，在这个充满血污与战乱的动荡时代，中国传统文化却奏起了辉煌的乐章。

1. 春秋战国的文化背景

春秋战国的文化辉煌，最根本的是由于社会大变革时代为各阶级、集团的思想家们发表自己的主张，进行"百家争鸣"提供了历史舞台，同时，它也有赖于多种因素的契合。

（1）"士"阶层的崛起

"士"是一个内涵和外延都很广泛的历史概念，在严格的宗法制社会里，士原本属于统治阶级的一部分，终身依附于卿大夫，不得有丝毫僭越之举。由于宗法制度的崩溃，他们失去了生活保障，除了"六艺"知识，已经一无所有；同时他们不再依附于宗族，也不受卿大夫的役使，获得了较大的人身自由。也由于春秋时期的社会剧变，松动了宗法制度的坚硬地表，也就为庶人中大批知识人才的破土而出创造了条件。这些人都有自觉的道德修养、博大的胸怀与开放的心态，更重要的是他们都有强烈的政治参与意识，所以他们担当了社会转型时期的文化主体。

（2）宽松的学术环境

由于激烈的兼并战争打破了孤立、静态的生活格局，使得文化传播日盛，同时，文化能够在冲突、交织与渗透中进行重组，也因为各竞相争霸的诸侯列国尚未建立一统的观念形态，使得文化人有可能进行独立的、富于创造性的精神劳动，同时，随着周天子"共主"地位的丧失，世守专职的宫廷文化官员纷纷走向下层或转移到列国，直接推动私家学者集团兴起。正是上述各因素的聚合，为中华民族精神的发展创造了一个千载难逢的契机。气势恢宏盛大的诸子"百家争鸣"，正是在这样的文化背景下应运而生的。

2. 诸子百家及其主张

春秋战国才俊辈出，思想家如老聃、孔丘、墨翟、孟轲、庄周、邹衍、荀况、韩非；政治家如管仲、子产、晏婴、商鞅；军事家如吴起、孙武、孙膑；外交家如蔺相如、苏秦、张仪；史学家如左丘明；诗人如屈原、宋玉；辩论家如惠施、公孙龙；医家如扁鹊；水利家如李冰、郑国等，可谓群星璀璨。因思想和主张不同，出现了儒、墨、道、名、法、阴阳、农、纵横、杂、小说家等诸多学派。

（1）儒家

儒家创始人为孔子，其学说记载于由其弟子及再传弟子整理的言论集《论语》中，要旨在"礼"与"仁"。"礼"指宗法制度下的行为规范，孔子要求人们以礼约束自己，"非礼勿视，非礼勿听，非礼勿言，非礼勿动"（《论语·颜渊》），自我克制达到礼即"克己复礼"。如果说，礼是外在规范，仁便是思想内核。孔子将"仁"发挥出多重含义，从思想深处强化宗法血缘纽带，所以说，"仁"是儒学区别于其他诸子的显著特征。孔子之后，儒家的主要代表有孟子和荀子。

孟子力主"法先王"，以人性善作为仁政说的人性论基础，发挥民为邦本和重民轻神思想，倡导"民贵君轻"，将民本主义推向高峰。荀子则侧重发展孔子的礼学，力主通过礼与法规范社会，达到"一天下"的目的，人性恶则是其礼学的人性论基础。

（2）墨家

墨家创始人墨子曾研习儒学，后来却将墨家发展成为儒学最强劲的反对派。墨子及其门徒多为庶众，他们不满殷周以降的等级秩序，抨击维护等级秩序的儒家。墨家针砭社会弊端，提出自己的主张，"国家昏乱，则语之尚贤、尚同。国家贫，则语之节用、节葬。国家喜音湛湎，则语之非乐、非命。国家淫僻无礼，则语之尊天、事鬼。国家务夺侵凌，则语之兼爱、非攻"（《墨子·鲁问》）。墨学以"兼爱"取代儒家的等差之爱，讲"天志""明鬼"，推行尚贤、尚同，为下层民众争取生存权利。

（3）道家

《道德经》记载了道家创始人老子的社会政治和人生主张，老子认为，"无为"可"无不为"，其战略观是"柔弱胜刚强"。道家以"道"为最高范畴，"人法地，地法天，天法道，道法自然"。他们抨击儒家的仁义礼智，主张"绝圣弃智"，复归人的本性，走向"道"。庄子在老子"出世"的基础上，倡导"超世""顺世""游世"。道家的"出世"与儒家的"入世"共同构筑了中国式的人生态度，士大夫进可"入世"，治国平天下；退可"出世"，归隐林泉。统治者既可用儒家学说求得文治武功，又可用道家学说确保休养生息。

（4）法家、名家、兵家、阴阳家

法家起源于春秋的管仲、子产，前期代表为战国初年的李悝、吴起和商鞅，声言"治世不一道，便国不必法古"（《商君书·更法》），其主要思想是"变法"，力主以今法取代古礼。法家背弃儒、墨、道所崇奉的先王观，而倡导历史进化论。韩非子提出法、术、势三者结合的"南面术"，并辅之以赏罚，使帝王能利用众智、众力，集大权于一身。

名家代表人物惠施主张"合同异"，以"控名责实"为务，讨论概念（名）与事实（实）的关系，强调事物的同一性。公孙龙则主张"离坚白"，强调事物的差异性，对中国逻辑思想的发展有特殊贡献。

兵家代表人物有孙武、孙膑、尉缭。孙武的《孙子兵法》把战争提到"国之大事，死生之地，存亡之道"的高度，将军事辩证法发挥到极致，被尊为"百世兵书"。《孙膑兵法》特别强调战争规律，内容包括对民心向背、敌情、天时、地形的把握，是一部杰出的兵书。兵家丰富的谋略思想成为独具特色的"中国智慧"。

阴阳家的代表人物邹衍，提倡阴阳五行说，在木、火、土、金、水五行相生相克观念的基础上，提出"五德终始"说，对中国政治和社会心理皆有广泛影响。

先秦诸子各有性格，儒的醇厚、墨的谨严、道的超逸、法的冷峻、名的致密、阴阳的流转，皆可谓千古独步。诸子遵循"和而不同"路线，广采博纳，融通创造。如荀子以孔子儒学为主宗，又吸纳法家思想，批判诸子各派，礼、法兼治，王、霸并用，成为古代思想的综合者。韩非子师承荀子，改造老子学说，统合前期法家思想，集其大成；《易传》则综汇儒学各派，又吸纳道、法、阴阳诸家，全篇洋溢着儒家的刚健有为精神，又蕴含墨家、法家的冷静和道家、阴阳家的辩证思维，体现了"天下同归而殊途，一致而百虑"的一与多的统一。

（二）秦汉时期——中国传统文化成熟时期

公元前221年，经过多年兼并战争，秦王嬴政终于完成"吞二周而亡诸侯，履至尊而制六合"的统一大业，中国历史上第一个专制主义君主集权的一统帝国——秦王朝建立。秦王朝统治未久，便因统治政策的失误而被农民起义推翻，起而代之的是刘邦建立的汉朝。

1. 宏阔的文化精神

秦皇汉高建立的秦汉王朝具有宏大的规模和气象；秦帝国是与东地中海的罗马、南亚次大陆的孔雀王朝并立而三的世界性大国；汉帝国的版图与事功更在秦之上，与其同时并立的世界性大国唯有罗马。

秦汉帝国的盛大根植于新兴地主阶级的生气勃勃、雄姿英发。由统治阶级精神状况所决定的社会文化基调也处于一种不可抑制的开拓、创新的亢奋之中。宏阔的追求成为秦汉文化精神的主旋律。万里绵延、千秋巍然的秦长城，"覆压三百余里，隔离天日"的阿房宫，气势磅礴、规模浩大的秦始皇陵兵马俑，水域总面积超过北京颐和园五倍的长安昆明池，"包括宇宙，总揽人物"的汉赋，以百科全书式的恢宏眼光观照历史的《史记》，无不是在秦汉宏阔文化精神的统摄下产生出来的辉煌制作物。

开拓进取、宏阔包容的时代精神作用于中华文化共同体内部，激发了工艺、学术的创作高潮；作用于共同体外部的广阔世界，则大大促进了中外文化的相互交融。秦汉时代，中国文化从东、南、西三个方向与外部世界展开了多方面、多层次的广泛交流，其中最著名的文化活动是汉武帝时期导致丝绸之路开辟的张骞通西域。通过丝绸之路，中国产品远抵西亚和欧洲，西域乃至印度的文明成果，也源源不断地涌进中国，中国文化因此增添了灿烂的色调和光彩。

2. 文化统一与思想统一

秦汉统治者在建立一统帝国的同时，还致力于思想文化的统一。

战国时代，诸侯割据，"田畴异亩，车涂异轨，律令异法，衣冠异制，言语异声，文字异形"（《说文解字·叙》）。秦始皇统一天下，雷厉风行地扫荡这种种之"异"，建立统一文化，其重要措施有如下几个方面。

第一，进行文字的整理与统一工作。李斯以周朝大篆为基础，汲取齐鲁等地通行的蝌蚪文笔画简省的优点，创制出一种人称"秦篆"的形体匀圆齐整、笔画简略的新文字，作为官方文字，颁行全国，是为"书同文"。

第二，定车宽以六尺为制，统一车辆形制，一车可通行全国，是为"车同轨"。与此同时，秦始皇调派民夫，以首都咸阳为中心，修筑驰道，东抵燕齐，南达吴楚，两年以后，又修筑成阳通九原（今包头西北）的"直道"，劈山填谷，长达1800余里。这些措施大大加强了中央与各地的联系，畅通了商业贸易和文化交流。

第三，颁布统一度量衡的诏书，结束战国时各国货币、度量衡标准制度混乱的局面，是为"度同制"。

第四，"以法为教"，并在各地设置专掌教化的乡官，名曰"三老"，统一人们的文化心理，是为"行同伦"。

第五，废除周代以来的封土建国制度，粉碎地区壁垒，将东至大海，西达陇右，北抵阴山，南越五岭的辽阔版图统一于中央朝政的政令、军令之下，又通过大规模的移民，开发边境地区，传播中原文化，是为"地同域"。

秦始皇统一文化的措施固然以强化专制君主集权政治为目的，同时也有力地增进了大秦帝国版图内各区域人民在经济生活、文化生活乃至文化心理上的共同性，从而为中华文化共同体的最终形成奠定了坚实的基础。

秦汉时期的文化一统，还包括思想学术上的统一，而这种统一，对中国文化其后的历程影响至深。

战国后期，诸子已开始尝试以自己的学说统一思想。《荀子·非十二子》《韩非子·显学》《庄子·天下》都是这种尝试性的作品。成书于秦王政八年（公元前239年）的《吕氏春秋》更系统地展示了这种努力。《吕氏春秋·不二》篇宣称"听众人议以治国，国危无日矣""故一则治，异则乱。一则安，异则危"。思想大一统被提到了十分醒目的位置。

秦统一天下后，更执着于"别黑白而定一尊"。秦始皇三十四年（公元前213年），李斯上奏，建议始皇采取强硬措施，"非秦记皆烧之；非博士官所职，天下敢有藏诗、书、百家语者，悉诣守、尉杂烧之；有敢偶语诗书者弃市；以古非今者族；吏见知不举者与同罪；令下三十日不烧，黥为城旦。所不去者，医乐卜筮种树之书。若欲有学法令，以吏为师"（《史记·秦始皇本纪》）。秦始皇采纳了李斯的建议，"下焚书之令，行偶语之刑"（《隋书·牛弘传》），从而造成中国文化史上的一次空前浩劫。战国时代自由的学术氛围被打破，广袤的思想原野上万马齐喑。

思想的专制必然引起思想的反抗，就连为秦始皇求仙药的方士都不满其为人刚愎自用，逃亡而去。秦始皇闻讯大怒，严令追缉，将"犯禁者四百六十余人，皆坑之咸阳，使天下知之，以惩后"（《史记·秦始皇本纪》）。焚书坑儒，开君主思想专制政策之先河。

当西汉王朝取得政治上的稳定和经济上的繁盛后，统一思想的课题便再次被提出，其倡导者就是有"汉代孔子"之称的董仲舒。董氏向汉武帝建议说："今师异道，人异论，百家殊方，指意不同，是以上亡以持一统……臣愚以为诸不在六艺之科、孔子之术者，皆绝其道，勿使并进。邪辟之说灭息，然后统纪可一而法度可明，民知所从矣。"（《汉书·董仲舒传》）

董仲舒的这番话就对"六艺"（即诗、书、礼、乐、易、春秋）的态度而言，与李斯向秦始皇建议焚书截然相反，但就禁绝异端、发扬帝王一统意志而言，董仲舒与李斯可谓异曲同工，前后映照，他们两位都是在统一的专制帝国建立后设计"大一统"思想体系和文化形态的主要智囊人物。不过，与鼓吹"以吏为师"的李斯比较，董仲舒要高明得多，他以"六经"为指针，高举"崇儒更化"的旗帜，寻找到了与地主制经济、宗法—专制君主政体比较吻合的文化形态，其独尊儒学的主张因而不仅被汉武帝采纳，推行于当世，而且在汉至清的两千年间行之久远。

（三）魏晋至隋唐——中国传统文化曲折发展和鼎盛时期

1. 魏晋南北朝时期的中国传统文化

魏晋南北朝时期是中国传统文化走向多元化时期。魏晋南北朝的300余年，是中国历史上最纷乱复杂的时期，由于政治和经济一元化被打碎，文化也走向多元化。

第一，佛教的兴起。早在东汉时期，佛教就开始传入中国，魏晋南北朝时期，佛教在中国广泛传播并大为流行，大量的佛教经典被翻译成汉语。佛教文化与中国传统文化从冲突、调适到逐渐融合，促成佛教在中国传统文化土壤中生根、发芽。

第二，道教的流行和玄学的兴盛。道教创立于东汉末年，至魏晋南北朝时极为盛行，并由原始的民间宗教向成熟的官方宗教演变发展。魏晋时期，道家思想主要表现为玄学。由于魏晋之际社会剧烈动荡，经学的失落、名教的危机，使人们认识到儒学的"不周世用"和思想上的虚伪，儒家已无法维持"独尊"的地位，于是，人们将注意力转向带有"自然""无为"特征的达生顺民的老庄哲学，产生了以《周易》《老子》《庄子》为经典、崇尚老庄自然无为、反对传统经学束缚的玄风思潮，影响了中国传统文化的各个领域，成为此时代思想文化的主流。

第三，胡文化与汉文化的大规模冲突，使这一时期的文化更趋于多元化走向。这一时期随着匈奴、鲜卑、羯、氐、羌等少数民族进入内地，建立政权，其草原游牧文化也进入了中原文化区域，与中原地区的农业文化发生持久而激烈的文化冲突乃至部分融合，推动了中国传统文化的进步和发展，为隋唐文化的繁荣和昌盛奠定了坚实的基础。

2. 隋唐时期的中国传统文化

隋唐时期是中国传统文化空前繁荣和大发展时期。这一时期，由于国家的统一和强盛、社会经济的繁荣、各民族联系的加强、中外经济文化交流的扩大和文化政策的开明，中国传统文化迎来了腾跃和辉煌，并显现出继承性与创新性、主体性与兼容性、领先性与世界性并存等文化特点。

隋唐文化的腾跃与辉煌，首先来源于其文化的继承性和创新性的统一。隋唐时期，佛教在魏晋南北朝传播和发展的基础上，与中国传统文化融合，创造出中国式的佛教学派——禅宗等宗派。唐代文学在继承和发展中国古典文学的优良传统基础上，创造出许多新形式，如词、变文、传奇等。隋唐时期中国雕塑艺术发展到高峰，绘画艺术独立，"颜体""柳体"是书法艺术新的创造成果。刘知几的《史通》是中国第一部史学理论专著，杜佑的《通典》为政书体首开先例。凡此种种，中国传统文化至隋唐时期，显示出一种阶段性的集大成的灿烂风采。

隋唐文化的腾跃与辉煌，其次来源于其文化的主体性和兼容性的统一。以强盛的国力和雄厚的中国传统文化为基础，隋唐文化体现出一种无所畏惧、兼容并包的大气派，一切内容、一切形式、一切风格尽展其辉。隋唐统治者对宗教采取兼容政策，尊道、礼佛、崇儒，三教并行不悖，相互吸收，奠定了两宋时期三教合流的基石。胡汉文化相融。隋唐皇室都有着胡汉血统，这使得隋唐统治者率先坦然地接受胡文化，进而使隋唐社会刮起胡文化之风，并受其热情、奔放、充满活力的风格的影响。隋唐文化还以博大的胸襟汲取外域文化的精华，并经消化、改造，使其中国化、民族化，促进中国传统文化的发展。

隋唐文化的腾跃与辉煌，最后还取决于其文化的领先性和世界性的统一。隋唐文化居于世界领先地位，并因此产生了强大的文化力，吸引着东西方各国的使者、学者和商人涌入长安等地，进行学习和交流，由此产生了中华文化圈，改变了东亚地区的文化面貌。隋唐文化的光辉还辐射到遥远的西方世界，中国的造纸术、炼丹术、数学和瓷器等西传，对中世纪的印度、阿拉伯、欧洲和非洲产生了一定的影响。隋唐时期，中国传统文化走向世界，有力地推动了世界文化的发展。

（四）宋元时期——中国传统文化定型和继续发展时期

1. 两宋时期的中国传统文化

960 年，宋太祖赵匡胤夺取后周政权，建立宋朝，史称北宋。1127 年，金朝攻克汴京，同年赵构在南京应天府即位，是为南宋。

中国封建社会发展到了两宋，总体来说，政治和经济形势都开始走下坡路，阶级矛盾和民族矛盾更为激化，内忧外患日甚一日。尽管有"庆历新政"

和"王安石变法",仍然改变不了宋王朝积贫积弱的局面。与政治、经济上的颓势相比,两宋文化在"右文"政策的良好政治环境下却异常繁荣。

宋代文化的最大成就是理学的建构。理学以儒家思想为主体,融合了道、释思想而发展成最为精致、最为系统的理论体系,对两宋之后的中国传统文化的影响至为深远。两宋文化的另一大特色是人文精神的萌发。宋代封建经济关系发生了变动,出现了客户与主户的关系,农民人身的依附程度有所松动,门阀地主为品官地主所取代,文人士大夫通过科举获取功名的路径更为畅通,政治环境更为宽松,世袭政治的特权逐渐消解。在这种环境下,文人士大夫的生活更为优渥,文人的心态更为精致细腻,作品的主观感受性也更强。

两宋时期,南方经济发展快速,特别是棉纺织业、瓷器、冶炼、造纸、印刷等手工业水平不断提高,促进了商品经济的发展。商品经济和城市的发展促进了都市文化的兴盛。

2. 元朝时期的中国传统文化

1279 年忽必烈灭南宋,建立了元朝,重新实现了大统一。为巩固统一的多民族国家,忽必烈在中原儒士的帮助下推行"汉法",逐步建立起封建中央集权统治体系。元仁宗统治时期,大力提倡"程朱理学",确定其官学地位。元朝统治者在"推行汉法"的同时,注意多元文化的发展。

其一,保留和发展蒙古文化的某些因素,创制和传承蒙古文字,将其作为国家法定的官方文字,并以蒙古文字撰写《元朝秘史》《蒙古源流》等著作,还用蒙古文字翻译汉族典籍。蒙古文字的创制和使用,有力地促进了蒙古语言的统一和民族的形成,孕育了一大批蒙古族的史学家、文学家、剧作家、艺术家,强有力地推进了蒙古族文化的发展。

其二,元朝统治者还注意发展少数民族文化,使畏兀儿文化、藏族文化、大理文化等少数民族文化得以迅速发展。

其三,元帝国在横跨亚欧的版图上,以其博大的胸怀和开放的精神展开广泛的中外经济文化交流,使中国传统文化与中亚伊斯兰文化、东欧拜占庭文化、南亚佛教文化等外域文化交融,创造了辉煌的元代思想文化、文学艺术和科学技术成就,使中国传统文化多元并存,竞相争辉。同时,中国的历法、数学、瓷器、茶叶、丝绸、绘画、算盘等西传,使世界文化的总体面貌更加丰富灿烂。

(五)明清时期——中国传统文化繁盛

明清两代进入了中国古典文化的总结时期。数学、物理学、天文学、地理学、医学、植物学、声律学等诸多学科以及机械、冶金、农业、水利等技术分支都不约而同地展开了大规模的科学总结。李时珍的《本草纲目》对 16 世纪以前的中国医药学进行了全面总结。书中共收药物 1892 种，分为 16 部、60 类，又收有药方 11000 多个，附图 1100 百多幅。这部 50 余卷的药物学著作被域外学人称为"东方医学巨典"。

徐弘祖所著《徐霞客游记》，是一部包含水文学、地质地貌学、矿物学等内容的地理学巨著，其中关于石灰岩溶蚀地貌的创造性研究，约早于欧洲人两个世纪；宋应星的《天工开物》总结性地记述了农业、手工业各个重要方面的生产技术，成为中国古代科技史上一部里程碑式的著作。宋应星因而被英国学者李约瑟称为"技术的百科全书家"。

徐光启的《农政全书》成为中国古代农学的总结性巨著。众多科学家在广泛的科学技术领域做出的杰出贡献，形成了颇有声势的科学技术浪潮，标志着中国古代科学技术进入了全面总结的历史时期。同时古典文化高度成熟。

《永乐大典》《四库全书》《康熙字典》都是公认的古典巨著。在文学领域，《红楼梦》是古典长篇小说的经典，《聊斋志异》为古典文言短篇志怪小说的典范。

第二节　中国传统文化的内涵与特点

一、中国传统文化的内涵

（一）文化

1. "文化"的概念

每个中国人都可以随口列举出诸多中国文化的象征物，大到长城、兵马俑、故宫、颐和园，小到苏扇、玉佩，具体到日常生活的各个方面。文化是人类社会特有的现象，是一个有机的系统。我们每个人都处在这个系统之中，谁也离不开文化。文化是人类实践活动的产物，反过来又制约着人类的行为。人类生存、发展的过程，同时就是选择文化、创造文化的过程。

"文化"是我们日常生活中使用频率最高的词汇之一，含义比较宽泛。在中国古代语言系统中很早就出现了"文化"一词。

在甲骨文中，"文"字如同一个人，正面站着，这个人的胸口有一个交错的图案，图案较简单，可能是文身，也可能是衣服上的花纹，这是"文"的初义。文是外在的美好的东西，而它美好也代表某种内在的东西，且和内在的东西一致。"文"的本义，指各色交错的纹理。《易·系辞下》记载："物相杂，故曰文。"《礼记·乐记》称："五色成文而不乱。"《说文解字》称："文，错画也，象交文。"均指此义。

"化"，本义为改易、生成、造化、改变为。"文"与"化"并联使用，最早出于《易·贲卦·象传》，"观乎天文，以察时变，观乎人文，以化成天下"。"人文"当指人类社会关系的构成及其规律，包括文明礼仪、人伦道德在内。而"人文"与"化成天下"相结合，实际已具备了"以文教化"的"文化"一词的基本内涵。唐代孔颖达在《周易正义》中解释道："观乎人文以化成天下者，言圣人观察人文，则诗书礼乐之谓，当法此教而化成天下也。""文""化"的意思是指以"人文"来"教化"。汉代以后，"文"与"化"方结合生成"文化"整词。汉代刘向在《说苑·指武》中说："圣人之治天下也，先文德而后武力。凡武之兴，为不服也，文化不改，然后加诛。"南齐王融《曲水诗序》中云："设神理以景俗，敷文化以柔远。"文化的意义是以体现伦理道德、政治秩序的诗书礼乐教化世人，与"武力""武功""野蛮"相对应，说明此词包含有一种正面的理想主义色彩，既有政治内容，又有伦理意义。可见中国古代的"文化"乃主谓结构，属于狭义的文化范畴。作为一种治理社会的方法和主张，它既与武力征服相对立，又与之相联系，二者相辅相成，即所谓"先礼后兵""文治武功"。这种政治主张构成的古代"文治主义"对中国政治文化影响深远。

文化在汉语中实际是"人文教化"的简称。前提是有"人"才有文化，意即文化是讨论人类社会的专属语；"文"是基础和工具，包括语言或文字；"教化"是这个词的真正重心所在。作为名词的"教化"是人群精神活动和物质活动的共同规范，同时这一规范在精神活动和物质活动的对象化成果中得到体现，作为动词的"教化"是共同规范产生、传承、传播及得到认同的过程和手段。

文化作为一种学术用语，最早出现在英国人泰勒 1865 年所著的《人类早期历史与文化发展之研究》，六年后他在著名的《原始文化》一书中将其作为中心概念做了系统的阐释，从此被学界沿用而流传下来。他写道："文化或文明，就其广泛的民族学意义来说，乃是包括知识、信仰、艺术、道德、法律、习俗和任何人作为一名社会成员而获得的能力和习惯在内的复杂整体。"在他看来，文化是一个综合体，不仅包括知识、信仰等精神生活现象，还应该包括人们从社会生活中获得的能力和习惯等。这个关于文化的基础性定义提出后，对学术界产生过重大影响，至今仍受到人们的重视，被许多论著引述。

文化通常有广义和狭义之分。广义的文化指人类在社会历史实践过程中对物质财富和精神财富的创造活动、创造方式和创造成果的总和。也就是说，人的物质生产和精神生产，包括生产活动过程和生产的方式方法，由这些生产创造出来的物质产品、精神产品和社会关系的诸多形式，都是文化，都属于文化范畴。这样的文化，涉及人类社会生活：从生产力到生产关系，从经济基础到上层建筑和意识形态的各个领域。广义的文化几乎囊括人类的整个社会生活，是与自然现象不同的人类社会活动的全部成果。这可以用黑格尔的名言"文化是人类创造的第二自然"来说明。狭义的文化，指意识形态、精神文化以及与之相适应的制度和组织结构。具体地说，狭义的文化主要包括政治思想、伦理道德、哲学观念、文学艺术、宗教崇拜等社会意识的各种形式，以及相应的政治法律制度、仪式活动、生活习惯和人们的理想追求、情感意志、道德信仰等等。

概括来讲，文化是一个社会历史范畴，是人类社会特有的现象，是以人的活动方式以及由人的实践活动而创造出的物质产品和精神产品为内容的系统，是人类社会历史发展的一个重要标志。文化的主体是人，客体是客观世界。所谓"文化"不是不受人影响而自然形成的自然物，而是人在社会实践过程中认识世界、改造世界所创造的一切成果的总和。

2. 文化的构成要素

构成文化基本结构形式的一些必要成分，称为文化要素。一般认为，构成文化的要素有器物要素、认知要素、符号要素、关系要素、规范要素等基本成分。

（1）器物要素

器物要素是人类通过适应、利用和改造自然而创造出来的一切物质产品和人工环境，具有物质的特征。由人发明和创造出来的一切器物，如工具、武器、服饰、食品、种植物、养殖物、建筑物等有形产品以及村庄、工厂、城市、市场、道路、车站、机场、水库、公园等人工环境，既是有形的器物文化部分，同时也属于"物化的精神文化"，因为它们都凝聚着人的知识、能力、观念和需求，反映人类的价值观念和认知程度。器物要素对于人类的生存、生产以及发展具有最重要的价值和作用。

（2）认知要素

认知要素是人类对自然界和人类社会的感知以及思维信息处理的智能活动，包括从感觉的输入到复杂问题求解的一系列活动过程。认知要素是文化要素中最有活力的部分，是渗透于其他各文化要素中的灵魂。认知要素为人类主体提供了观察世界、了解社会、把握现实的方法和手段，并且提供了评价行为是非和事物好坏的标准与尺度。它主要包括人们的心理感知、思维方式、价值趋向、人文关怀、伦理道德、审美情趣等。认知要素是人类一切创造活动的动力，没有它，人类便无法从自然界分化出来，它直接关系到人类认识和改造世界的意愿和能力，关系到选择什么样的生活目标和生活方式。人类创造的一切物质产品和非物质产品之中，都体现着创造者的认知程度和水平，其中思维方式和价值趋向是认知要素的核心。

（3）符号要素

符号要素是人类文化的最基本形式，是人类创造、传播和存储文化的基本手段和工具，人类通过符号创造、认识和继承文化。作为文化载体的符号要素，最主要的特征是具有表意性，它包括了语言符号和非语言符号。人类只有借助语言和符号才能交流，无论是通过表情、姿势、声音还是文字、图形，人类只有沟通才能够协调生产劳动和社会活动，人类由互动来创造文化。由人类创造的一切文化内容，只有借助于符号或语言，才能反映出来、传播开来和传承下去。符号要素是人们之间互动的基本途径，通过符号要素人们可以学到以往的传统文化，也可以通过符号要素来创造新的文化。符号要素也在不断发展，在其发展的过程中逐渐形成更加完整的要素体系。例如，随着数字化、多媒体技术时代的到来，其作为存储介质的作用和功能正在迅猛地扩大应用范围。

（4）关系要素

关系要素是人在社会共同生活中结成的各种社会关系和社会组织的总和。人与人结成的相互关系，既是文化的一部分，又是创造各种文化要素的基础，其中生产关系是各种社会关系的基础。实现社会关系的实体是社会组织，社会关系的确定和维系，都需要家庭、氏族或者经济组织、政治组织、军事组织、教育组织、娱乐组织等作保障。

（5）规范要素

规范要素是指人的社会规范，是反映人们活动秩序和约束人们行为的准则，它包括明文规定的法律、条款、规章、制度和约定俗成的风俗习惯等。规范要素既规定了人们活动的方向、方法和式样，又使人们知道可以做哪些、不可以做哪些、应该怎样做、不应该怎样做，并具有一系列处罚违反规范的机制。规范要素反映和调整着社会中个体与个体、个体与群体以及群体与群体全部的社会关系。规范要素是文化价值观念的外在表现，是人们在社会实践中为了满足自身需要而建立的，认识规范要素的外显特征有助于人们了解社会组织的文化。

3. 文化的结构与分类

文化不仅包括上述各种要素，而且表现出各要素之间内在的结构关系。一般来说，文化的诸多要素都不是孤立的，它们在特定的文化结构中发挥着应有的功能，实现着应有的价值。人类文化的结构是千姿百态的，类型是五花八门的。

认识文化的类型，要经过选择比较，区别出那些被确定为具有关联功能的不同文化结构，再从不同的结构和视角对文化的形态和功能进行的划分，这就是文化的分类。

按文化的外延进行分类，由于选择特征的价值取向不同，进行比较的功能关键点和审视特征的焦点也会有差异，所以存在着各种各样的区分标准，人们以此把文化划分为许多不同的结构类型。学者一般是按照要素结构、时空、社会群体等来对文化进行分类的。

对文化的要素结构分类，因文化的结构形式较多，所以存在着数种不同的划分方法。两分法把文化划分为广义文化和狭义文化、物质文化和精神文化、表层文化和核心文化、显性文化和隐性文化、制度文化和非制度文化等。三分法把文化划分为器物文化、行为文化、心态文化。四分法把文化划分为物质文化、精神文化、行为文化和制度文化。五分法把文化划分为器物文化、认知文化、符号文化、规范文化、关系文化。

这里主要从四分法的角度出发进行具体阐述。

（1）物质文化

物质文化是指以物质实体的形态存在，具有一定文化内涵的事物，如人类历史遗迹、文物、现当代的各种标志性实物等。

物质文化中不仅积淀着制度文化的因素，同时也凝聚着精神文化的内涵。在传统农业宗法社会里，人们根据不同的年龄、职业、辈分等，对个人的衣食住行做了明确规定。单就服饰而言，封建时代不同品级官员的服饰在颜色、形制、质地、图案等方面都有显著的差别，以此来表现尊卑、品级差别。《唐会要·章服品第条》载，唐朝官员"三品以上服紫，四品、五品服绯（大红），六品、七品以绿，八品、九品以青。妇人从夫之色"。

（2）精神文化

精神文化又称心态文化，它是人类在社会意识活动中孕育出来的价值观念、审美情趣、思维方式等主观因素，相当于通常所说的精神文化、社会意识等概念——这是文化的核心内容。

精神文化同样具有较强的时代特点和民族特点。就文学艺术而言，人们特定时代的愿望、要求、情趣必然通过当时的作品表现出来。以文学为例，中国人喜欢欣赏情节曲折生动、内容丰富的伦理叙事作品，西方人则更注重作品中人物深刻细致的心理刻画，体味人物的精神生活。

（3）行为文化

行为文化是人类在长期的社会实践和复杂的人际交往中约定俗成的习惯性定式，是以民风和民俗形态出现，见之于日常生活中的，具有鲜明的民族特性和地域特性的行为模式。

（4）制度文化

制度文化是人类在物质生产过程中所结成的各种社会关系的总和，其中包括法律制度、政治制度、经济制度以及人与人之间的各种关系准则等。制度文化是文化系统中最具权威的因素，它往往规定着文化的整体性质。

综上所述，物质文化、精神文化、行为文化、制度文化虽属文化构成的不同层次，但共同构成一个有机的整体，相互间既有区别又有联系，相互依存、相互渗透、相互制约、相互推动。

（二）中国文化

本书所讨论的"中国文化"，是与"外国文化"相对举的概念，是指中华民族及其祖先在自己脚下这片土地上所创造出来并且传播到世界各地的文化总和。在这里，需要着重强调两个问题：第一，中国文化是一个历史的、发展的概念；第二，中国文化根深叶茂，有着异乎寻常的文化渊源。

说中国文化是一个历史的、发展的概念，是因为古代的"中国"一词，最初并不具有统一的国家实体的含义，而是一个地域的、文化的概念。"中国"的"国"字，本义是城邑。"中国"一词，最早出现于西周铜器铭文，指的是以洛邑为中心的地区。早在龙山时代（约为公元前2800年至公元前2300年），我国南北各地都已经发生了由氏族到国家的转变，各地的社会首领都筑城而居。由于国君住在城里，因此城都是甲于一方的政治、经济和文化中心。龙山晚期，由于居住于黄河中游一带的夏人所处地望居中，因此，最早的中国指夏人所居之城，最早的中国人则是指夏人。《说文解字》："夏，中国之人也。"

商人灭夏之后，占有了广阔的黄河中下游一带，商人所居之地，便被视为中国。1963 年出土的西周铜器何尊之书铭文"……惟武王既克大邑商，则廷告于天曰：余其宅兹中国，自之义民……"。《当书·梓材》记周成王语曰："皇天既付中国民越厥疆土于先王。"显而易见，周初文献上的中国指的是商人故地，而中国人则是指商人。

西周立国后，其版图范围较之于夏商更为宽广，西周版图以外，称为四方，或称四国。《诗经·大雅·民劳》："惠此中国，以绥四方。"又曰："惠此京师，以绥四国。"这里的"中国"指西周及其臣民，"四方"和"四国"指周边各族政权及其民众。"中国"一词与"四方"和"四国"对举，只是一个地望上的、文化上的概念。西周以后各代，无论哪一个古代民族，只要能够入主中原，都是以"中国"自居，如十六国北朝之际在中原立国的诸北族政权，均以中国正统自居，而斥东晋南朝政权为"南伪"。

因此，在中国古代，并不存在我们今天所说的"中国文化"这个概念，因为在古代的中国，所有朝代都不以"中国"为国名。

明末清初之际，来自西方的传教士始称明清帝国为"中华帝国"，简称即为"中国"。清康熙二十八年（1689 年），清廷与沙俄政府签订了《尼布楚条约》，中国首席代表索额图的全衔是"中国大圣皇帝钦差分界大臣议政大臣领侍卫内大臣"，这是以"中国"作为主权国家专称用于处理国际事务的滥觞。鸦片战争之后，随着中国国门的洞开和大量西方文化的不断涌入，当中国的知识分子对西方文化有了一个初步了解之后，就出现了"西学"和"中学"的对举，"西学"指西方文化，"中学"指中国文化。在此之后，"中国文化"才逐渐成为一个与"外国文化"对举的、有实质意义的概念。

关于中国文化的起源，自古以来，有一个根深蒂固的概念，认为黄河中下游一带的中原地区是中国文化的摇篮。中华人民共和国成立以来，我国的考古学和人类学获得了突飞猛进的发展，一系列重大考古新发现和可靠的研究成果为我们回答中国文化起源问题，提供了科学的依据。

学术界通常的观点认为，人类是由猿类进化而来的，完成这个转变的时间约在 400 万年以前。在 400 多万年的漫长历史发展进程中，人类的体质进化，经历了直立人（猿人）、早期智人（古人）、晚期智人（新人）和现代人等发展阶段，其中，直立人、早期智人、晚期智人的生存年代，相当于考古学上的旧石器时代，至现代人时期，历史已经进步到了新石器时代，这是近万年以来的事情。

目前，我国南北各地，普遍都发现有丰富的旧石器时代文化遗存，分布面积广达27个省、市、自治区，其中，年代距今在100万年以上的，就有山西西侯度遗址、云南元谋人遗址、河北小长梁遗址和东谷坨遗址等处。各地发现的直立人、早期智人、晚期智人化石材料，构成了一条相对完整的人类进化链，从而证明了中国古人类体质特征发展的连续性。数百个旧石器时代文化遗存材料反映了近200万年间，中国旧石器时代发展的各个阶段有着共同的鲜明文化特征。这些材料表明，中国是人类文化的重要发源地之一，中国人的主体部分是东亚大陆原住居民，中国文化是根生土长的原生文化，有着近200万年的历史渊源。

由于中国幅员辽阔，东、西、南、北各地在气候、物产等方面客观上存在着诸多自然差异，因此，至迟在旧石器时代晚期，各地的文化面貌即已表现出明显的差异，初步分化成若干相互区别的文化类型。正是在这样的基础之上，到了新石器时代早、中期，在中国东、西、南、北各地居住生息的不同文化族群，创造出了若干既相联系、又相区别的区域文化。这些不同类型的区域文化都是中华文明的源头。它们在后来长期的历史发展过程中，经过多次复杂的撞击、裂变和整合，相互影响，不断更新，最后殊途同归，凝聚成多元一体的中华文明。与世界上其他文明古国发展模式不同，数千年来，尽管国祚频移，危机迭现，但中华民族的文化传统却一脉承袭，延绵不断，其根本原因就在于多元一体的建构格局铸就了中国文化异乎寻常的凝聚力，并赋予了中华民族经久不衰的生命力。

（三）传统文化

所谓"传统"，从文化社会学角度诠释，是指世代传承的具有自身特点的社会历史因素，如逐代延续的思想道德、风俗习惯、文学艺术、制度规范等。

文化作为一种观念形态的东西，总是处于一种不断产生又不断淘汰的过程中。因而，并不是所有在历史上出现过的文化都可称为传统文化。而只有那些具有重要价值、具有生命活力的文化才得以积淀、保存、延续下来，成为后世文化的主要组成部分。一般将这些具有重要价值、具有生命活力因而得以积淀、保存、延续下来的文化称为传统文化。

传统文化是历史的结晶，但它并不只是博物馆里的陈列品，而是有着鲜活生命的东西。传统文化所蕴含的、世代相传的思维方式、价值观念、行为准则，一方面具有浓厚的历史性、遗传性，另一方面又具有强烈的现实性、变易性。

（四）中国传统文化

1.中国传统文化的概念

中国传统文化是指在长期的历史发展过程中形成和发展起来的，保留在中华民族中，具有稳定形态的文化，其包括中华民族传统的思想观念、思维方式、价值取向、道德情操、生活方式、礼仪制度、风俗习惯、文学艺术、教育科技等层面的内容。

2.中国传统文化的多维度释义

（1）从其根源和功能来理解

中国传统文化是中华民族在中国古代社会形成和发展起来的比较稳定的文化形态，是中华民族智慧的结晶，是中华民族的历史遗产在现实生活中的展现。

该思想体系主要体现在三个方面：一是凝聚之学，中国传统文化是具有内部凝聚力的文化，这种文化的基本精神是注重和谐，把个人与他人、个人与群体、人与自然有机地联系起来，形成一种文化关系；二是兼容之学，中国传统文化并不是一个封闭的系统，在中国古代对外交往受到极大限制的情况下，其还是以开放的姿态实现了对外来文化诸如佛学等的兼容；三是经世致用之学，文化的本质特征是促进自然、社会的人文之化，中国传统文化突出儒家经世致用的学风，其以"究天人之际"为出发点，落脚点在"修身、治国、平天下"，力求在现实社会中实现其价值。

（2）从时间维度来理解

中国传统文化是包括中华文化的过去式、现在式和将来式的文化。

其一，文化的过去式，即中华先民从夏商周至1840年所创造的哲学、宗教、科技、教育、文学、艺术、兵学等成果，以及中国古代的价值观念、思维定式、风俗习惯等，这构成中国传统文化，同时也是中国传统文化的过去式。

其二，文化的现在式，即从过去一直延伸到现在的文化观念。这里我们需分清"传统文化"和"历史文化"的界限。并非历史上出现过的文化都属于传统文化，由于文化具有不断产生又不断淘汰的特征，所以只有那些具有重要价值且具有生命力的文化，才得以积淀、保存、延续下来，而成为后来文化的组成部分，这可被称为传统文化。任何时代的文化都不是空中楼阁，其必然继承和发展传统文化，这种继承和发展的对象就是传统文化。那些曾经出现在各个历史时期的文化现象，虽曾流行一时，但其在当世作用和价值不大，更对后世

27

无影响和作用，这乃历史文化。因此可以说中国传统文化在当代的作用和影响就是中国传统文化的现在式。

其三，文化的将来式，即对未来的文化建构产生作用和影响，成为未来文化重要组成部分的文化。文化是一条不息的河流，今天的文化是昨天的演变和发展，明天的文化是今天文化的必然延续。同理，中国传统文化典籍中所包含的伦理观念、生活态度、价值体系、思维方式，不仅存在于过去和目前，而且毋庸置疑地会对未来社会产生重要作用，这就是中国传统文化的将来式。

所谓中国传统文化，是指中国传统文化的精华所在、精神所在、气魄所在，是体现民族精神的价值内涵。它在中华民族发展历程中，在中国思想文化发展历史上，曾经起过积极的作用，迄今仍有合理价值，能够为中华文化的现代传承和创新发展起到积极作用，能够促进社会进步和民族发展，主要体现于思想文化的层面。

简言之，所谓中国传统文化，就是中华民族长期发展过程中形成的、有着积极的历史作用、至今具有重要价值的思想文化。可能有人会说，器物文化中的那些卓越的工艺品，制度文化中的某些精粹的成分，难道不属于传统文化的范畴吗？当然是。但那些卓越的工艺品和精粹的管理思想，是由相应的思维方式、价值取向和审美情趣所指导所决定的，蕴含着特定的精神内涵。因此，把传统文化纳入思想文化的范畴，或者说从思想文化的层面发掘传统文化的现代价值，并不为过。

实际上，从操作的层面看，我们所要传承弘扬并创新发展的中国传统文化，主要是无形的方面，正所谓"形而上者谓之道"也。以爱国主义为核心的中华民族精神，天下为公的崇高理想，己立立人己达达人、己所不欲勿施于人的忠恕之道，贵和尚中的和谐思想等，都是无形的精神财富，是生生不息代代传承的中华民族价值观的正能量。今天我们所要弘扬的中国传统文化，要建设的中国传统文化传承体系，正是从精神内涵的层面切入，以思想文化为主导的那些内容和范围。

二、中国传统文化的特点

（一）统一性

中国文化源远流长，其之所以能顽强地生存发展并绵延至今，究其原因，其最显著的特征就在于它的统一性。自秦在公元前221年完成了政治上的统一，确立了中央集权的封建专制主义政体；历经两千多年，逐渐汇聚了国内各民族的统一体，发挥着强有力的同化作用。中国大一统的先决条件诸如历史地理、政治结构、文化素质等都是其他国家所不可能具备的，这也是中国封建文化达到世界最高水平的基本原因之一。

1. 文字方面的统一

中国文字至少从殷周时期，就有一贯的发展。从甲骨文到现在的简化汉字，虽然有很大的差别，但有一条清晰可辨的发展演变的道路，从现在的简化字可以一直追寻到甲骨文、金文。中国文字从产生起一直到现在，始终都保持着旺盛的生命力，它并没有因为语言的复杂性而丧失其统一性。

中国的语言极其复杂，就地域方面说，南方与北方之间就有很大差别。同属南方或北方，甚至在同一个省区内，也会同时有几种方言存在。就时间方面说，它又有古今的差别。但其所使用的文字都是共同的、统一的，未因语言的差异导致文字的差异。这种文字的统一，对中国人群的凝聚、政治的统一、文化的承传、民族间的同化，以及中华民族共同的道德、心理的形成，无疑起着重大的作用。如果没有统一的文字，也许政治、思想、社会及地域上的统一就无从谈起。

2. 政治方面的统一

从政治方面看，中国传统文化经历了持久的统一过程。在夏朝建立以前，中国和其他国家一样，也是有许多各自独立的氏族部落。经尧、舜、禹的苦心经营，以黄河流域为中心的中原地带趋于统一，但仍保留着小邦林立的局面。"当禹之时，天下万国，至汤而三千余国。"（《吕氏春秋·离俗览》）"春秋之初，尚有千二百国。"（《晋书·地理志》）这些小邦与当时的奴隶制国家夏、商、周保持一种从属关系，每一小邦都受宗主国的保护，因此，虽然从形式上看是小邦林立，但它们都有共同的政治、文化中心。《诗经·商颂》："邦畿千里，维民所止，肇域彼四海。"自西周以来，大一统的观念便深深植根于中国人的心中。

春秋战国时期，在经济和政治的变更中，出现了诸侯争霸的局面。这从表面上看是一种分裂，但仍保持着中国内在的统一。孔子说："管仲相桓公，霸诸侯。一匡天下，民到于今受其赐。"也正是在春秋战国时期，中国出现了两件大事：一是小邦合并成地区性的王国；一是封建制（分封诸侯和附庸的制度）的建立。前者表明，国家的领土范围在扩展；后者表明，国家的政权在集中。这两者显然不是分裂的趋势，而是统一的趋势。正是在此趋势下，秦始皇统一了中国。

继秦汉大一统之后，是魏晋南北朝的分裂，随之隋唐大一统，五代十国后的辽、夏、金、宋、元、明、清又是统一。在人类历史上，多次出现过因为异族入侵而导致文化中绝的悲剧，但是在中国，此类情形从未发生，并不是中国没有经受外族入侵，而是因为中国传统文化具有强大的同化力，多次"同化"了以武力入主中原的北方游牧民族，反复演出了"征服者被征服"的戏剧。

3. 民族方面的统一

文化的发展，是不同民族、不同地区的文化不断融合的过程。中国传统文化的统一性特征，正是与中国境内各民族的融合息息相关的。在中国文明的初期阶段，黄河流域就是一个多民族共处的地区，西有华夏族，东有东夷族，南有苗蛮族。黄帝战胜蚩尤、炎帝以后，这三大集团所属的各族实现了历史上的第一次较大规模的融合。历史上每一次政治上的统一，往往促成比以前更大、更广泛的民族共同体的形成。

殷周之际，小邦林立，各小邦都保持着自己民族的习俗风尚。据说武王伐纣时，曾联合八百诸侯打败有众多属国的商王朝，从而建立了周王朝。经过长期的共同生活，各族之间的差别与隔阂也逐渐消失而归于同一（大同而小异）。这是中国历史上又一次较大规模的民族融合。

据春秋战国时期的文献记载，中原地区各族与周围的少数民族互相通婚，互相学习，风俗习惯及语言文字逐渐融合。晋文公重耳的母亲是犬戎狐姬，属当时西北地区的少数民族。但晋文公并未因此受到排斥，他后来成为春秋五霸之一，被推为华夏诸邦的盟主。

秦汉的大一统加快了全国各民族的融合步伐，在此基础上形成了更大范围的民族共同体。魏晋南北朝更是民族大融合的宽大舞台。元、清两代是中国少数民族贵族掌权的时代，少数民族入主中原，从相反方向上提供了民族融合的契机，无论从深度还是从广度上，都为中华民族的统一创造了丰富的物质基础和心理上、感情上的精神条件。

（二）延续性

在人类文明史上，中国与古埃及、古印度、古巴比伦被尊为"四大文明古国"，与古希腊、罗马并称为东西文明中心，然而这些古代文明或因异族入侵而中断，或因部族冲突而衰落消亡，文化出现了大幅断层，有些文字至今不能被识别。唯有中国传统文化虽然历经磨难，却数千年一脉相承，表现出无与伦比的延续性。这种强健的生命延续力的成因是多方面的。

相对隔绝的地理环境是中国传统文化未曾发生断裂的自然条件。中国东面临海，西部横亘高山、高原、戈壁和沙漠，西南多山，东北则有原始森林，几千年来，中国传统文化很少遇到外部力量的巨大冲击。

近代以前，中国的外患，十之八九来自北方游牧民族的军事冲击，如春秋时"南夷与北狄交侵"，魏晋南北朝时期的"五胡乱华"，宋元时期契丹、女真、蒙古人接连南下，明末满族入关。军事征服的结果，不是被征服者的文化毁灭、中断，而是征服者的文化皈依和进步。在这一过程中，中国传统文化又多方面地吸收了新鲜养料，增添了新的活力。

直到鸦片战争以后，由于海运工具日益进步，帝国主义列强加强了在军事、经济、政治、文化上的侵略，面对西方文化对中国传统文化的强势冲击，中国得天独厚的地理环境优势逐渐丧失。

中国传统文化是在半封闭状态下独立产生的，而且比周边各族成熟要早，在两千多年前就已形成了自身的风格和系统，在以后的发展中更注重自身体系的整合和自我意识的完善，形成了雄厚的文化基础。对于外来文化，如中亚、西亚的草原文化和南亚次大陆的佛教文化，不管是排斥、吸收还是改造，最终都将其融化于自己的体系中，没有出现过像古埃及、古巴比伦、古印度的文化因异族的入侵而被摧毁或中断那样的情况。而且，地理环境的隔绝状态滋生了中国传统文化强烈的中央观念，形成了闭锁内向的思维定式和自足心理。

农业经济的连续性是中国传统文化不曾发生断裂的经济基础。王朝的兴衰更替不可避免，短期的国家分裂、军阀割据时有发生，特别是游牧民族的侵扰与入主中原，都曾在中国历史的不同时期掀起悲惨壮烈的一幕。然而，一个个王朝灭亡，取而代之的王朝仍然推行并重视小农经济，中国的农业经济依然向前发展，建立在这一基础上的中华文明亦未曾被割断。相反的，短期的战乱与分裂，更增进了中国传统文化的坚韧性和向心力。在各民族的共同努力下，中国传统文化历经动乱与分裂而不断得到充实升华，这种文化传统是外来势力所无法割断的。

政治的连续性是中国传统文化不曾发生断裂的内在根据。所谓政治的连续性是指政治传统的继承性。中国的政治传统自夏、商、周就已存在：有大体相同的政治结构——君、臣、民，有大体相同的赋役征收制度，有大体相同的刑罚律令。总之，从殷周至清末，中国的政治乃一贯的民族传统，未曾发生"外层断裂"，这也是文化延续的条件之一。

学术思想的连续性是中国传统文化不曾发生断裂的自身基础。中国古代学术思想的连续性发展早在商周时就已开始。春秋时期，经孔子整理的殷周典籍

《诗》《书》《礼》《乐》《春秋》等流传下来，经历代大家的阐释，儒学便成为中国几千年封建社会经世致用的经典。当然，殷周典籍不仅是儒家学说产生的基本资料，诸子百家多从这些古代典籍中汲取养料，自成一家。

（三）包容性

中国传统文化能够兼收并蓄，具有巨大的包容性。

首先，表现在处理民族关系方面。早在《尚书·尧典》中就有"协和万邦"之说，即主张各国互相团结，和睦共处。历代统治者在制定和执行民族政策方面，也多采取了极大的宽容态度，如汉代司马相如受武帝之命"通西南夷"，招抚少数民族，便以"兼容并包""遐迩一体"为指导思想，并称这是武帝"创业垂统，为万世规"（《汉书·司马相如传》）。正是这种兼容天下的胸怀，使汉王朝将不同民族（东夷、南蛮、西戎、北狄）融合为一体，成为统一的中华民族。中华民族是一个多民族的大家庭，长期以来民族间的不断融合，形成中华民族的统一整体，而中华民族的形成正是因其持有的包容精神所致。虽然，在中国的大地上也曾经有过连绵的战争和无休止的征伐，但大都是直接起于经济和政治的原因，像西欧那种以宗教信仰为旗帜对异教进行大规模屠杀的情况从来都没有发生过，而民族融合、文化融合，在中国这块土地上却成了传统。

其次，表现在对不同的学术流派、不同的思想观点、外来文化等方面。中国传统文化能坚持原则，包容他者，兼容并蓄。在中国传统文化中，各学术流派、各宗教团体始终可以长期共存。

春秋战国之际，是中国传统文化的发展时期。当时是百家争鸣，儒、墨、道、法齐显，正如梁启超所描述的那样，"孔北老南，对垒互峙；九流十家，继轨并作。如春雷一声，万绿齐苗于广野；如火山乍裂，热石竞飞于天外。壮哉盛哉！非特我中华学界之大观，亦世界学史之伟迹也"。经过长期的平等互立，自由辩论，儒、墨、道、法、兵、名、阴阳等各家思想学术精华都作为中国传统文化的基本要素被保留下来了。"天下同归而殊途，一致而百虑"，反映了先秦百家学说精华相互包容荟萃的历史事实。

中国各区域及少数民族文化，也在融合过程中保持着自己的小传统。而在两千多年的中国古代社会中，各派学术、各种信仰、各方风俗事实上仍一直处在交融互济之中。

"有容乃大"，中国传统文化的这种包容性，同时促成了中国传统文化内容的多样性和丰富性。中国地域广大，民族众多，所以中国传统文化呈现出丰富多彩的差异，如历史上形成的楚文化、晋文化、秦文化、齐鲁文化、吴越文化、巴蜀文化、苗文化、藏文化等，都是异彩纷呈，各有特色。

（四）人文性

早期人类由于对自然的无知而产生恐惧心理，出现了自然崇拜。此后，随着人类社会阶级压迫的产生，人类对自然的恐怖感转向对社会、对人生的疑惑与不安。中世纪的西方，尽管政权林立，但教皇的权力是较大的，宗教精神渗透于社会的各个方面，哲学变成了神学的婢女，使西方文化带有浓厚的宗教色彩。中国传统文化以人为中心建构起自己的理论体系，将天、地、人三者并列，认为人是"万物之本""最为天下贵"，向世人展示了其人文性的一面。

同世界上任何民族一样，在中国的远古时期，也产生过原始宗教以及对天命、鬼神的绝对崇拜。但是，随着社会的进步和科学文化的发展，人们眼界渐开，商周之际，中国人的宗教观念产生了重要的变化，这就是从西周开始的疑"天"思潮以及"敬德保民"的思想观念，道德成为维系整个社会的根本纽带，使神学独断的观念被削弱以至摆脱了。这是中国传统文化的一个重要特点，也是与西方文化相区别的一个突出优点。

中国传统文化中的人文精神，以礼乐为中心，它渗透于伦理、政治、社会规范等方面，成为统治者的统治工具与社会教化工具。经过中国传统文化长期的熏陶，每一个人都能自觉地把自己置于现实社会的五伦关系中来考虑自我生存之道，明确政治上的君臣关系，家庭中的父子、夫妇、兄弟关系，社会上的朋友关系，以及应该遵从的道德规范。在人生价值的自我实现方面，中国传统文化不主张追求灵魂的不朽，而是把内在的道德修养和外在的道德实践，即"内圣"和"外王"结合起来，努力地立德、立功、立言，从而实现理想人格。

（五）务实性

中国传统文化是一种大陆型的农业文化，几千年来，以农为主，重农抑商一直是历代统治者积极推行的政策。农业文明简单重复的生产方式决定了中国传统文化具有注重实际、追求稳定的特点。

黄河和长江孕育的华夏大地，土壤肥沃，四季分明，为早期先民们的生存繁衍提供了较为优越的自然地理条件。尽管古代的生产工具落后，生产力水平低下，但人口与土地的比例适中，若无大的自然灾害或战乱，先民们日出而作，日落而息，凿井而饮，也大体可以年复一年、世世代代的平静生活下去。这是一种简单而又重复、朴素而又实际的生产方式，长期生活在这种生产方式下的中华民族自然而然地形成了重实际而黜玄想、重稳定而轻变动的文化品格。老子"鸡犬之声相闻，老死不相往来"（《老子》）的小国寡民理想，孟子"五亩之宅，树之以桑……百亩之田，勿夺其时……"（《孟子·梁惠王上》）的仁政规划，陶渊明"榆柳荫后檐，桃李罗堂前"（《归园田居》）的优美田园风光，都是农业文明中生活理想的写照。以农业为根基的中国，农业生产的节奏与整个国家政治、经济、文化生活的节奏息息相关。

中国传统文化思想中与农业思想直接相关的范畴除了"知行之辨"外，还有对于"恒"与"变"关系的认识。在四季的有序交替中，农业生产周而复始，中华文化逐渐积淀出了重恒轻变、追求久远的特征。这种观念表现在中国传统社会的政治、经济，甚至艺术的方方面面，如国家政治理论中的"五德始终""天不变，道亦不变"，哲学思想里的阴阳轮回、五行相生相克，历史观中的"分久必合，合久必分"，处事原则中的"以不变应万变"，艺术审美中的"宁静致远"等，"变"与"恒"结合使中国传统文化的"重稳定"观念深入到民族心理的深层。苏轼在《前赤壁赋》中论及人生的"无常"与"永恒"时说："盖将自其变者而观之，则天地曾不能以一瞬；自其不变者而观之，则物与我皆无尽也。"这是对"恒"与"变"的生动描述。

中国传统文化注重实际，执着于人间世道的实用探求，为中国传统文化的繁荣与发展奠定了坚实的基础。"广大高明而不离乎日用"的观点对中国古代科技的发展做出了重大贡献，"四大发明"即是实用技术高度发达的证明。

（六）内倾性

在中国传统文化中，认为人在天地之间是自足的，不需要任何外来的帮助。儒家以道德为自足，道家则以自然为自足。如孔子教人所行之"礼"，即是主张人要行其自己该行之事，斟酌人情之所宜；亦如《礼记》所说，这种人间之礼"非从天降也，非从地出也，人情而已矣"。

把儒家上述"人是自足的存在"这一思想发扬得最详尽、最透彻的人是孟子。他以性善论为基础，认为"人皆有不忍人之心""人无有不善"。这个性善如同人的四体一样，是人自身所固有的（"人之有四端也，犹其有四体也"），不是外加的，而是内在的，"非由外铄我也，我固有之也"。孟子发展了孔子的思想，不但强调人的道德自觉，而且为这种道德论提出了人性论的基础。

这种深藏于人类自身之内的价值之源，对于儒家来说，是一种无尽的宝藏，只要向内深深地挖掘，它便可以发扬光大，甚至充塞于天地之间。

道家对人的自足性的看法，是从另一个角度来认识的。道家反对儒家的仁义道德说教，因此也反对从道德能动性的角度去描述人性。他们认为，人的自足性并不是表现在内在的道德性或"恻隐之心"上，而恰恰与此相反，人的自足性与万物的自足性一样，是自然存在的一种形式，因此人的本性应该在自然中寻找。只要返回自然，人的本性便是自足的，这就如同"骈拇枝指"一样，"合者不为骈，而枝者不为岐，长者不为有余，短者不为不足"。如果不遵循自然之性，以长者为有余、短者为不足，企图取长补短，对其妄加改变，这就破坏了自然的真性，所以"凫胫虽短，续之则忧；鹤胫虽长，断之则悲。故性长非所断，性短非所续，无所去忧也"。

道家这种自然人性说，实际上是把外在的自然内化为人性，所注重的并非人身之外的东西，而是人的自然本能的行为，因此强烈主张取消人的主观能动性，以使人性顺乎自然的本能。只要一切顺乎自然，便可别无他求，更不需要向外探索。

由此可见，儒家是把人的道德理性由内向外扩展，把人性外化为自然，尔后由外在的自然落实到人的心性之中，使二者在心性基础上得到统一；道家则是把外在的自然由外向内扩展，使之内化为人的理性，尔后在精神中使二者结合。虽然出发点不同，但所强调的都是人性的自足。既然人性本身是完善的、自足的，就无须从外部吸取力量，而知识、逻辑、科学、法律等在他们看来也就无须多下功夫，应把全部精力投放到人自身的修养上，直接在人心之内寻求善和幸福。

第三节　中国传统文化的历史定位

一、中国传统文化推动中华民族繁荣发展

（一）中国传统文化的历史作用

文化是社会发展的重要动力，只有文化发展了，社会才能持续健康地向前发展。正如习近平总书记所讲："一个国家、一个民族的强盛，总是以文化兴盛为支撑的，中华民族伟大复兴需要以中华文化发展繁荣为条件。"

纵观人类历史进程，任何一个大国的崛起，无不伴随着文化的兴盛。哪个国家文化繁荣昌盛，哪个国家就会兴旺发达，社会就会呈现巨大进步。反之，如果没有文化的支撑，任何一个国家的发展都不可能持久。在欧洲，正是14—16世纪的文艺复兴运动和18世纪的启蒙运动，才结束了愚昧和专制的中世纪，解放了人们的思想，催生了资本主义的萌芽和发展，进而促成了今天西方国家的经济发达。所以恩格斯在《自然辩证法》中评价文艺复兴运动时说："这是一次人类从来没有经历过的最伟大的、进步的变革，是一个需要巨人而且产生了巨人——在思维能力、热情和性格方面，在多才多艺和学识渊博方面的巨人的时代。"

在我国发展史中，文化发展同样与中华民族发展紧紧联系在一起。在五千多年的历史流变中，中华民族虽遇到了无数艰难困苦，但都挺过来了，生生不息，薪火相传。其中一个很重要的原因，就是中华儿女培育和发展的中国传统文化提供了强大的精神支撑。回顾我国的历史发展，每当文化大发展、大繁荣时，国家就会强盛。

春秋战国时期，文化呈现出诸子争辩、百家争鸣的兴盛局面，产生了诸多学说和学派，如道家、儒家、墨家、法家等，开创了我国古代文化的一个鼎盛期。正因为有了这一中华文化的大发展大繁荣，才有了秦汉的强盛，才有了"四大发明"，才能为人类文明做出重大贡献。期间虽经历了"焚书坑儒"和"罢黜百家，独尊儒术"，但都没能影响文化的积淀，并最终造就了大唐盛世。直至18世纪工业革命前，中国传统文化的成就一直处于世界领先水平，这也奠定了中华民族屹立于世界民族之林的雄厚基础。

（二）中国传统文化的重要功能

中国传统文化具有重要的功能与价值，这对中华民族的繁荣发展所产生的作用是十分重大的，具体来讲，主要包括以下几方面。

1. 民族凝聚

中国文化从传说中的羲、农、黄帝以来，延续发展了几千年，在15世纪前，一直居于世界文化的前列。15世纪后中国的四大发明促进西方文化突飞猛进，中国却落后了。19世纪40年代之后，中国受到资本主义列强的侵略凌辱，中国的志士仁人和广大群众奋起抗争，努力寻求救国的道路，经过100多年的艰苦斗争，终于取得胜利。1949年以来，中国文化的延续发展，虽然曾一度受到影响，但依然能奋发图强，大步前进，这些都不是偶然的，是有其内在的思想基础的。这种促进中国文化长期延续和自我革新的思想基础，就是中国文化的基本精神。

中国传统文化的一个重要功能就是民族凝聚功能。中国传统文化基本精神有着巨大的思想统摄性，它可以超越地域、阶级、时代的限制，用中华民族优秀文化传统哺育每一个中华儿女，使其凝为一体，同心同德地为民族整体利益和长远利益而不懈奋斗。正因为如此，每当历史上出现外敌入侵之时，中华民族都能够万众一心地抵御外侮；而每当内乱出现之时，人们往往又可以在"中华一体"的民族认同基础上，摒弃前嫌，团结一致，变分为合，化乱为治。这些都是与刚健自强、贵和尚中的民族文化基本精神对人们的滋养分不开的。

我们民族贵和尚中的文化基本精神，还滋养出了中华民族崇尚和谐统一的博大胸怀。坚持"和而不同"的矛盾统一观，反对片面求同或乱斗一气；坚持统一，反对分裂；把家庭邻里的和谐、国家的统一看作天经地义的事情。这种文化传统，对于中华一体、国家一统的民族文化心理的形成，对于我们国家、社会的长期稳定发展，曾经起了十分重要的聚合作用。

自西周以来，作为一种理性自觉，大一统观念便深深地扎根于中国人的心中，"春秋大一统"是人人皆知的名言。作为中国传统精英文化主流的诸子百家学说，尽管各说其是，有的甚至形同水火，但在国家统一、民族融合、使天下"定予一"的思想方向上却有共识，可谓相反相成。这种政治上的大一统观念，实际上是"天人合一""贵和尚中"的民族文化基本精神熏陶的结果，是它的折射。不仅如此，"天下一家""民胞物与""四海之内皆兄弟"的观念，还成为凝聚全社会的精神力量。以国家统一为乐，以江山分裂为忧，是中华民族天经地义的政治价值取向。

这种大一统观念，经过儒、法两家从不同思维路向的论证，特别是经过秦汉时期封建大一统国家的建立而带来的民族融合、共同发展的历史实践，逐渐转化为民族文化深层社会心理的结构意识，成为中华民族的政治思维定式，有力地推动了中华民族的整体发展和社会文化的进步。

中国传统文化强大的凝聚力也表现为文化心理的自我认同感和超地域、超国界的文化群体归属感。到了近代，中国人更自觉地意识到"中华之名词，不仅非一地域之国名，亦且非一血统之种名，乃为一文化之族名"。直到今天，数以千万计的海外华人，虽然身在异国他乡，但依然与中华民族的文化血肉相依。在他们的意识与潜意识中，一刻也没能忘记自己是中华儿女。近年来，千百万华人华侨都来关心祖国的振兴，正是这种文化凝聚力在起作用。

2. 精神激励

中国传统文化的基本精神，对于中华民族的每一个成员，都有着强烈而积极的精神激励功能。

作为中国传统文化的基本精神，必须具有影响广泛、促进社会发展进步的特点。民族文化基本精神代表着民族精神，是民族优秀文化传统的体现。因此，它应该而且必然反映着中国传统文化的健康的发展方向，能够鼓舞人民前进，无论在历史上，还是在当代中国的文化建设中，都具有激发民族自尊心、自信心和民族自豪感的伟大作用。它也理所当然地要成为维系全民族共同心理、共同价值追求的思想纽带，成为激发人们为民族统一、社会进步而英勇奋斗，鞠躬尽瘁、死而后已的精神源泉。

中国传统文化中刚健自强的基本精神，在两千多年的历史发展中，一直激励着人们奋发向上，不断前进，坚持与内部的恶劣势力和外来的侵略压迫者做不屈不挠的斗争。近代以来，中国人民为了救亡图存和民族自强而进行了艰苦卓绝的斗争。鸦片战争后，林则徐的学生冯桂芬提出了"若要雪耻，莫如自强"的口号。

近代史上的洋务运动，正是打着"自强新政"的旗号开始的。严复强调，中国要自强，必须在"鼓民力、开民智、新民德"的自强之本上下功夫。康有为在著名的《公车上书》中，也以《易传》的刚健有为、尚动通变原则作为变法的理论根据。孙中山领导的资产阶级民主革命，邹容写的《革命军》，更是把"革命"看成"世界之公理""天演之公例"。他们无一例外地都受到了中国传统文化中刚健自强思想的深刻影响，把它作为精神动力，并赋予其新的时代内容。

五四运动后，中国共产党人以愚公移山的精神，领导了反帝反封建的新民主主义革命，推翻了压在中国人民头上的"三座大山"；中华人民共和国成立后，又以坚韧不拔的毅力，进行社会主义革命和建设中国特色社会主义的艰难探索。这些都是对中国传统文化中刚健有为、自强不息精神的自觉继承和发扬。可以说，中国传统文化的基本精神仍然是中国近现代优秀文化的活的灵魂。

中国传统文化中以人为本的基本精神，激励着人们尊重人的价值和尊严，努力在现实生活中去发现人，实现人的价值。这种价值，首先是道德价值。儒家认为，人的本性中先天地具有仁、义、礼、智等美好的道德品质，但要把它实现，并且加以充实和发展，还必须经过自觉的道德修养和意志锻炼。儒家学说特别强调主体自我修养和道德实践的重要意义，鼓励人们通过道德修养来培养高尚的情操，成就完美的人格。儒家先义后利、重义轻利的价值观，固然有忽视物质利益和现实功利的弊端，但在提升人的精神境界，把人培养成为有道德的人、有精神追求的人方面，却有着不可否认的积极作用。

中国传统哲学中的各家各派，虽然价值观不同，但都重视道德修养，以人为本，对于培养和发展中华文化的人文主义精神传统，都做出了重要贡献。中国历代都出现了许多重修养、重气节、重独立人格的志士仁人，这与中国传统文化基本精神的熏陶、培育和激励是分不开的。

中国传统文化中天人合一、贵和尚中的基本精神，还激励人们自觉地维护整体利益，坚持集体主义的价值取向。把天、地、人看作一个统一的整体，强调并努力创造三者之间的和谐，以维护这个整体的和谐为己任，并把个人、家庭和国家的利益看作不可分割的统一体，这样一种共同的民族文化心理态势，对于中华民族的发展壮大，有着不可忽视的积极意义。儒家的"修齐治平"理论，道家的"道法自然"思维旨趣，墨家的"天下尚同"政治理想等，都是以整体为上的价值取向。这种价值取向，把全局的利益看得高于局部的利益，把整体的利益看得高于个体的利益。它凸显了中华民族以小我成全大我、以牺牲个人和局部的利益去维护整体和全局利益的优秀品格，造就了以国家、民族利益为上的思想风貌。中国传统文化基本精神的价值导向功能，在这里表现得非常清楚。

3. 整合创新

整合不同的价值，使其在"中华一体"的文化格局中熔铸成为一个有机的统一整体，从而有所开拓创新，这是中国传统文化基本精神的又一功能。

中国传统文化的基本精神，是整个中华版图意义上的民族精神。而中华民族的孕育、形成和发展，是一个漫长的过程。同样，全面意义上的中国传统文化的成熟、定型，也有一个长期发展的过程。其间，作为中国传统文化基本精神的诸多主体内容，在不同时期、不同地域起着不同的作用，对原有的诸多地域文化和不同阶层的文化，起着重要的整合创新功能。

中国古代文化是在多元一体的格局下发展起来的。齐鲁文化、燕赵文化、巴蜀文化、荆楚文化、吴越文化、秦陇文化、岭南文化等，都是古代中国人在艰苦的实践中，在特定的地域里，通过长期艰苦卓绝的努力而创造出来的反映该地域人民文明发展程度的文化。这些地域文化，各有其自然环境特色和社会人文特色，反映着不同的价值观念，彼此间不能等同、替代。但是，这些特色各异的地域文化，几乎都蕴含着自强不息的奋斗精神，都有"中华一体"的文化认同意识。正是在这种共同精神的烛照下，多元发展的地域文化逐渐走向融合，成为中华民族文化大家庭的重要组成部分。

在中国历史上，每一次大的统一，都伴随着文化和思想观念上的整合创新。秦朝统一，使秦与其他六国"车同轨，书同文，行同伦"（《礼记·中庸》），中国有了统一的文字，这对于中国传统文化的开拓和发展，有着极其深远的意义。尔后，隋唐、明清文化中出现的盛大恢宏气象，无一不蕴含着深刻的整合创新精神。不同地域的文化被纳入中华民族文化的整体构架之后，原本分别存在于不同地域文化之中的各种文化"基因"，仍然继续存在，有的还被大力发展，着意提升，成为全民族共同的精神财富。

中国传统文化基本精神中的整合创新功能，根植于中国古代哲学的理论思维之中，如我们提及的"贵和"思想，便是突出一例。"和实生物，同则不继"（《国语·郑语》），在中国古代的哲人看来，"和"便是创新的源泉，万物的生生日新，是统一体中"不同"、对立的方面整合的结果，这也是《易传》中所说的"日新之谓盛德，生生之谓易"。

中国传统文化的基本精神，是全民族共同的精神成果，在其演进的过程中，逐渐形成了文化的大传统。天人合一、以人为本、贵和尚中、刚健有为成为全社会广泛认同的文化观念，它们超越了地域和阶层，成为牢固的民族文化心理，代代相承，不为外来的力量所打破。在文化大传统的熏陶下，原有的地域文化所蕴含的文化小传统，既表现出中国传统文化的共性，又保留了自己的特殊性，即个性，内容更加丰富，有的还在发展中逐渐形成了新的传统。

值得注意的是，在中国古代文化中，文化的大传统与小传统往往交相渗透，彼此兼容，很难简单地截然分开。比如，中国传统文化基本精神的诸方面，在不同的地域文化中都有不同程度的存在和表现，就阶层而言，在上层社会和下层社会中也基本上都可以被接受。这与中国传统文化基本精神雅俗共赏、上下乐道、朝野认同的特质是分不开的。

中国传统文化基本精神有着强烈的趋善求治的价值要求。无论在理论层面或行为方式层面还是在社会心理和潜意识的层面，都对全民族的价值取向起着不能替代的作用。"贵和尚中"的精神，培育了古代中国人民追求和谐、反对分裂的整体观念，滋养了崇尚中道、不走极端的平和心境；"天人合一"的精神，激发出"究天人之际"的治学传统和思想传统，并成为不同时期、不同思想流派共同的思维方式和价值追求。这些内容经过长期的实践，逐步深入人心，并演化为深厚的民族共同心理，以至成为集体的"文化无意识"。这些思想观念的相互整合，塑造了中国传统文化博大、精进、宽厚、务实的精神风貌。

4. 教化培育

文化是一种把人从野蛮状态中解放出来，使人变得成熟的力量。中国传统文化在古代社会中通过对人民实行熏陶、教化和归融，对人的精神进行培育，从而使主流价值观社会化和政治化，使社会生活秩序合乎人情义理，使国家与个人的诉求趋于一致，将人的自私欲望和个人诉求融入温文敦厚、和谐稳定的风俗之中，从而实现对人的德性的培养、对心灵的塑造及家国的和谐和社会的稳定。古代政治家为了追求社会的稳定和天下的太平，使人人各安其分、遵纪守法，自觉维护社会稳定，极其重视发挥优秀传统文化的教化功能，通过兴办学校、发展教育，在全社会倡导"道之以德，齐之以礼"，使人民"有耻且格"，通过教育和社会习俗的养成，使把维护社会安定变成人们的自觉行动。

在中国传统文化中，古人充分加强"圣人之学"中"执政为民""以德为政""民为邦本"的教育灌输，以明人伦为教育最终目的，以儒家思想的伦理道德为基本教育内容，以孝悌为伦理道德的基础，以"学以致其道"、培养"治国平天下"的君子为教育目标。

孔子曾说，"君子怀德""君子务本，本立而道生。孝弟也者，其为仁之本与"。显然，孔子将道德视为学问的根本。所以《礼记·学记》中提到"教也者，长善而救其失者也"，教育是为了使人内心的善即道德不断增长。《大学》说："大学之道，在明明德，在亲民，在止于至善。"孔子的教育目的也是培养"笃信好学，守死善道"的君子。所谓君子，其境界是"修己以安百姓"。孔子认为，君子应该"学以致其道"，并培养自己拥有治理"千乘之国""千室之邑""使于四方，不辱君命"的能力。

孟子从"施仁政"和"性善论"两个层面强调了教育的目的和作用。孟子认为教育的重要作用就是"得民心"，"得民心"是帝王施行"仁政"的关键目标，而教育是"得民心"的最有效措施。他说："善政不如善教之得民也，善政，民畏之，善教，民爱之。善政得民财，善教得民心。"这是因为"以力服人者，非心服也，力不赡也；以德服人者，中心悦而诚服也，如七十子之服孔子也"。所以他认为教育的目的在于"明人伦"，确立规范的社会伦理秩序。

汉代董仲舒从天道属性出发，主张统治者应当实行"德教"。他认为天道是"阳尊阴卑"的，由于"天数右阳而不右阴，务德而不务刑"，王者应"承天意以从事，故任德教而不任刑"。他具体提出了以"三纲五常"为教育的主要内容，即"君为臣纲，父为子纲，夫为妻纲"。"仁、义、礼、智、信"，这也逐渐成为之后古代统治者进行道德教育的主要内容。

扬雄也继承和发扬了"重德"的教育传统，认为"道德修养"是君子学习的目的，"学者，所以求为君子也"。他认为"常修德者，本也"，道德成为一个人最重要的素质。

唐代，韩愈提出了"明先王之教"，重视儒家道统的教育，即强调学习儒家经典和伦理道德，他认为教育的目的在于"仁义道德"，所以他提出了"明乎人伦，本乎人生"，强调伦理道德是做人的根本。

到了北宋，著名文学家教育家张载更是将伦理道德放在教育的首位，他强调教育应以"明善为本"，并明确提出了"德薄者终学不成"的理念。

理学大师朱熹承袭了历史上诸位儒家学者一贯以来的主张，认为教育主要的目的和作用就在于"明人伦"。他说："父子有亲、君臣有义、夫妇有别、长幼有序、朋友有信，此人之大伦也。立、序、学、校皆以明此而已。"他在《尤溪县学记》中提到："立学校以教其民……必始于洒扫、应对、进退之间，礼、乐、射、御、书、数之际，使之敬恭，朝夕修其孝悌忠信而无违也，然后从而教之格物致知以尽其道，使知所以自身及家、自家及国而达之天下者，盖无二理。"他认为，如果有人能做到"明人伦"，也就可以成为圣贤。

清末的王国维认为历史上大多数的教育家都是以道德作为教育主体（"无不以道德为中心"）的。他指出，德育有着极其重要的作用，不仅有利于培养"完全之人物"，更是有助于社会的稳定，所以必须要重视道德教育的作用。他说因此孔孟都看到了教育可以"变民风，化民俗，正人心"的作用。董仲舒甚至将国家的兴衰都归于礼乐教化。"凡以教化不立，而万民不正也。夫万民之从利也，如水之走下，不以教化堤防之，不能止也。……古之王者明于此，是故南面而治天下，莫不以教化为大务。立太学以教于国，设庠序以化于邑。渐民以仁，摩民以谊，节民以礼，故其刑罚甚轻而禁不犯者，教化行而习俗美也。"认为教育可以使万民正，习俗美，这正是看到了教育具有净化人心的作用。

由此可见，在历史的长河中，重视道德教育，以"明人伦"为主体的教育思想成为中国传统文化的一个重要功能，德育的思想影响了我们的祖祖辈辈，也使得中华民族的道德伦理成为世界文化之林中一道亮丽的风景线，重视道德教育的思想观念也必将随着我们对中国优秀传统文化的传承，不断延续和传承下去。

二、中国传统文化对世界文明产生影响

中国传统文化对世界产生了深刻的影响，并且有着不可或缺的作用，尤其是对亚洲的朝鲜、日本及东南亚各国的影响较大。

（一）中国传统文化对亚洲的影响

对于中国而言，作为四大文明古国之一，她的灿烂文化一形成便对邻邦形成影响，由近及远，逐渐地辐射到其他的地区。早在秦、汉以前，中国就和朝鲜、日本、越南以及中亚等国家和地区有过相应的商品交换和文化交流。在汉朝以后，又与西亚、欧洲、非洲等地发生经济和文化交流。在整个中国古代，可以说中华文化一直是推动亚洲文明演化发展的重要文明之源。

1. 中国传统文化对朝鲜的影响

"朝鲜"一词，其实最早见于《管子·揆度》。它提到"朝鲜之文皮"，这里的"文皮"指带花纹的虎豹之皮，是古代朝鲜的名贵特产。由此可知，早在管子的时代，中国人就对朝鲜有所了解了。

总的来讲，朝鲜半岛的古代文明在受到来自中国传统文化的影响后，具有中国传统文化色彩。无论政治制度、学术思想，还是器用文化、文字风俗，均受中国的强烈影响。包括朝鲜的古代历史，有许多材料要到中国古文献中去寻找。当然，文化的传播向来是双向互补的，中国也从朝鲜学到了不少东西，如朝鲜的歌舞早在南北朝时就已经传入中国。

2. 中国传统文化对日本的影响

除了朝鲜，中国传统文化向日本传播也相对比较早，而且影响也非常显著。中国史书《汉书·地理志》中就提到过日本。其中详细记载了"乐浪海中有倭人，分为百余国，以岁时来献见云"。在日本本土，关于中日交往的史料却极为罕见，直到江户时代，日本史学家才注意从中国史书关于倭人的记载中寻找"倭"的根据。

一般来说，从东汉到南北朝，中日已有直接的邦交联系。这就进一步说明，中国与日本的文化交往有悠久的历史。到隋唐，大量日本遣隋使、遣唐使、留学生来华，再加上僧侣、商人、外交官以及留日华侨子弟，都成为中国传统文化东传的直接媒介。

因此，自隋唐至清末，也就是从日本古奈良时代到德川幕府末期，凡是中国主要的文化学术要素，其中包括文字、历史、文学、艺术、宗教、哲学、工艺、美术等，都或迟或早地在日本传开来。

中国传统文化对日本文化涉及最广、影响最深的包括以下要素。

（1）文字

日本文字主要源于中国。日本史书《日本书纪》《续日本纪》《日本后纪》《续日本后纪》《日本文德天皇实录》《日本三代实录》合称"日本六国史"，都是用汉字成书的。在目前较为流行的日本文字中，除了对大量汉字进行保留外，其片假名与平假名的字形亦脱胎于汉字的偏旁和草书。

（2）史学

《大日本史》是一本日本重要的纪传体史书，但是无论是在体例和治史精神上都仿效以《史记》为代表的中国纪传体史书。不仅纪传、志表、编年、纪事本末等体裁承袭中国史学，而且史鉴上的正统观念、君臣名分观念、尊王抑霸观念等，也都深深受到《春秋》以来儒家鉴戒垂训的史学传统的深刻影响。

（3）儒学

儒学很早就传入日本，在唐、宋、元、明时期，儒学已经大规模传入日本。日本士大夫潜心钻研儒家经典《周易》《尚书》《左传》《礼记》《孝经》等。宋朝和明朝时期，程朱理学在日本流布最广。

在近代，阳明心学对日本人文化心理和民族精神影响最深。王学在日本的传播收获了与中国迥然不同的效果。它与佛教禅学及日本固有的神道思想进行了相互结合，对于具有近代意义的日本民族精神即所谓的"大和魂"进行了有力的塑造。

总之，中国传统文化曾对日本有所影响。隋、唐文化的传入，更是在很大程度上使日本出现了"大化改新"；宋明理学，尤其是阳明心学的传入，间接成为明治维新、尊王倒幕的精神动力来源。

3. 中国传统文化对东南亚国家的影响

精神文化传播的先导就是物质文化的传播。越南、柬埔寨、泰国、马来西亚、缅甸、菲律宾、印度尼西亚、文莱、新加坡等东南亚国家，在历史上都比较早地与中国建立了友好往来关系。

所以，从一定程度上来说，中国商人带去的瓷器、铜器、丝织品、乐器、印刷品，无疑给东南亚地区的生产工艺、生活方式、文化礼俗等以莫大的影响。如越南、柬埔寨、泰国的制度及礼俗，马来西亚的桑蚕养殖，菲律宾的饮食文化，文莱人的服饰艺术等，都深受中国传统文化的影响。特别是新加坡，虽然是一个独立较晚的国家，但是当今现代化程度已发展到了一个很高的水平，其国民七成以上是华人，生活习惯、道德礼俗几乎与中国完全一致。至今，新加坡仍把儒家伦理作为国民教育的一个重要组成部分。

由此看来，中国传统文化对东南亚各国所形成的影响，与中国古代航海事业的发展是分不开的。从魏晋南北朝时期，到唐、宋至明朝，中国的航海事业逐渐发达，最后达到高峰。郑和七次下西洋，历经三十多个国家，最远到达非洲东海岸、红海。

中国的门户开放政策，不仅促进了我国与其他各国的友好往来，而且还在很大程度上进一步促进了经济文化交流，而且由于海路交通便利，我国东南沿海地区的人民向海外流动，对中华文化向东南亚地区的传播也发挥了非常重要的作用。

（二）中国传统文化对非洲及欧洲的影响

作为世界四大文明古国之一的中国，其文化对西方文化的繁荣和发展做出了巨大贡献，在中西文化两千多年的交流中，中国给予西方的东西远远超过了从它那里所得到的东西。中国传统文化在非洲、欧洲的传播，不但改变了他们的生活方式，而且推动了现代文明的发展。

1. 器用技术对非洲及欧洲的影响

古代中国向西方输出的主要商品是丝绸与瓷器。从西汉开始，中国的丝绸沿着丝绸古道，流向中亚、南亚、北亚和北非，直到地中海国家。中国丝绸运到地中海国家后，大受欢迎，很快成为那里各个民族、各个国家的普遍追求，丝绸贸易是古代世界最大宗的贸易之一。

南北朝时期，中国的养蚕和丝织技术传入西域，又到达波斯和东罗马帝国。由于长期受中国丝绸的影响，到公元4至5世纪，埃及人开始仿制中国丝绸。唐代以后，中国丝绸文化西传，更多地表现为丝织技术的西传。在今天的叙利亚、伊拉克等国的很多城市，都办起了工艺高超的作坊，织造色泽鲜艳的锦缎、壁毯等，阿拉伯地区的丝织物几乎垄断了9世纪以后的欧洲市场。丝织技术由阿拉伯人传入西班牙和西西里岛，并从西西里岛向欧洲各地传播。

元代，蒙古西征时，把中国织匠带到阿拉伯世界，中国丝制品的西传，再次掀起高潮。中国的图纹花样被引入阿拉伯人的丝织花样之中，中国丝绸产品再次传到西欧。从13世纪末以后，中国的丝绸锦缎制成的衣物又成为意大利各地显贵和罗马教廷的时尚服饰。到了17世纪，丝绸才在欧洲得到普遍流传，并为平民所拥有。仿制中国丝织品的规模日益扩大，在法国、荷兰等国都有制造各种绘花和印花丝织品的工厂。法国生产的丝织品完全按照中国的花色装潢，各种技术也都取法于中国。

从唐代开始，瓷器在中国对外输出品中，逐渐成为大宗货物，并得到亚非欧广大地区人民的青睐。阿拉伯人十分喜爱中国瓷器，特别赞赏其制作工艺。丝绸古道的各国人民不仅喜爱中国瓷器，而且还纷纷仿制，埃及人制造的瓷器的形状、花纹、工艺都仿制中国。

到了11世纪，瓷器制造技术已经达到很高的水平。以埃及为基地，瓷器和陶瓷技术又向欧洲流传，一路经马格里布传入西班牙，另一路经西西里传入意大利，进而传播到欧洲各地。

在 17 世纪以前，瓷器在欧洲只是一种新奇的珍玩。到了 18 世纪初，瓷器开始走入千家万户，并成为上流社会的收藏品以及装饰品。欧洲最早仿制中国瓷器的是威尼斯人，他们在 1540 年制造出蓝色阿拉伯式的装饰品。

18 世纪初，仿制瓷器风靡欧洲，这些仿制品不但大量采用中国纹饰，而且还仿效中国的款式。欧洲人掌握了制瓷方法后，制瓷厂相继建立，德国、法国、英国均有制瓷厂。

中国的丝绸和瓷器不仅成为西方各族人民生活中不可缺少的物品，美化了人们的生活，而且在精神上大大拓宽了古代西方各族人民对美追求的视野。

2. 学术思想对西方的影响

西方传教士把中国的学术思想带回西方。天主教传教士如利玛窦、艾儒略等，为了达到在中国传教的目的，都注意研究中国的古代经籍。这种风气推动了译书工作的开展，在 16 至 18 世纪，中国的学术著作，尤其是儒家经典，大都被译为拉丁文和法文传入欧洲。与此同时，欧洲出现了注解和研究儒家经典的学术著作。

18 世纪是欧洲启蒙运动兴起的时代，这一时期欧洲不少重要思想家，如伏尔泰、孟德斯鸠、卢梭等都曾对中国文化与中国哲学产生兴趣，都不同程度地受到中国学术思想的影响，其中尤以伏尔泰所受的影响为最大。他赞美中国传统文化，尤其崇拜孔子。在他看来，孔子的道德观与古罗马斯多葛派哲学家爱比克泰德的道德一样，严肃、纯正、祥和，充满人道主义精神。伏尔泰以儒家道德理想主义为根据，批判教会的蒙昧主义，盛赞中国传统文化。他向欧洲社会呼吁："我们绝不应该站在欧洲人的立场上，来对这个民族的历史加以评头论足，因为我们还处于野蛮时代时，这个民族就已经具有高度的文明了。"

此外，以狄德罗为代表的法国百科全书派也曾借赞美孔子的人本主义道德哲学来反对上帝和宗教。狄德罗在为《科学、艺术、工艺百科全书》撰写的有关中国哲学的词条中，盛称"中国人历史悠久，智力发达，艺术上卓有成就，而且讲道理、善政治、酷爱哲学"，可以同欧洲那些最文明的国家争辉。法国重农主义经济学家魁奈一生热爱中国文化，认为世界上只有中国是以自然律为基础而达到高度道德理性化的国家，他甚至把中国社会的自然秩序、开明的君主政治、儒家的道德理想当作欧洲社会文化的理想目标，固有"欧洲孔子"之称。

中国哲学对于德国近代哲学也有广泛的影响。17 世纪末至 18 世纪初，德国哲学是莱布尼兹的时代。他面对当时的欧洲文明中心论起而为中国文化辩护。

1697 年，他发表了《中国近事》一书，主张沟通中西文化，并挖苦目空一切的德国哲学界"刚刚脱离野蛮状态，就想谴责一种古老的学说"，是"狂妄至极"。1703 年 4 月，莱布尼兹发表论文论证古老的《周易》阴阳二爻排列成像法与他 1678 年发现的"二进位"制完全吻合，这使他十分惊叹中国古老的智慧。

第四节　中国传统文化中的德育教育资源

一、思想理念

中国传统文化蕴含着极其丰富的德育教育资源，如抒发报国之志的"苟利国家生死以，岂因祸福避趋之""一身报国有万死，双鬓向人无再青"；抒发献身精神的"捐躯赴国难，视死忽如归""常思奋不顾身，而殉国家之急"；抒发爱国情怀的"利于国者爱之，害于国者恶之""先天下之忧而忧，后天下之乐而乐"等，都很好地体现了中华民族热爱祖国、勇于担当的思想，这些思想即使放在现代，也是值得我们学习的优秀传统，应当予以继承，将其发扬光大。

此外，中国传统文化强调"和而不同""民惟邦本"；强调"天行健，君子以自强不息"；强调"天下兴亡，匹夫有责"，主张以德治国、以文化人；强调"言必信，行必果"；强调"德不孤，必有邻""己所不欲，勿施于人""出入相友，守望相助""扶贫济困""不患寡而患不均"等。像这样的思想和理念，经过中华民族几千年的传承发展，经过历史的淘洗，早已深深铭刻在中华儿女的心中，具有永不褪色的时代价值，更能体现中国传统文化的民族特色。

二、传统美德

中国传统伦理有着优良的传统，是中国传统文化的重要组成部分，尤其"仁、义、礼、智、信"的儒家伦理，为中国人的道德修养提供了价值标准，影响了中华民族几千年的发展。

（一）刚健有为，自强不息

"刚健有为，自强不息"是中华民族千百年来形成的民族精神，深藏于中国传统文化之中，是中国传统文化最基本的精神，是中国人积极人生态度最集中的理论概括和价值提炼。

《周易》中"天行健，君子以自强不息"；孔子倡导"士不可以不弘毅，任重而道远"；老子强调"知人者智，自知者明；胜人者有力，自胜者强；知足者富，强行者有志；不失其所者久，死而不亡者寿"，都体现了中华民族积极进取、奋发向上、自强不息的精神。这种坚韧不拔的精神也是现代成功者必备的条件，对今天的大学生具有特别重要的意义。

（二）和而不同，执两用中

"和"是中国传统文化的内在精神和显著特征，它的基本含义是和谐，主张"和为贵""天下一家""以和为贵""持中守和"等思想，一直是中国传统文化所追求的美好境界。

"和"是我国周秦时期形成的一个极有价值、极具特色的哲学和文化概念。"和而不同"则是非常重要的价值取向和伦理原则。

老子说："道生一，一生二，二生三，三生万物。"万物的丰富性、多样性、差异性是人必须面对的现实。不论普通人还是哲学家，都要思考人在自己的生存发展中如何与自然、社会及他人共生共处的问题。在人类历史上，常见的有两种态度：一种是只顾自己发展，不尊重自然、社会、他人，不允许多样性、差异性的存在，要么消灭异类，要么把异类变成和自己一样的同类。这就是人们常说的独断专行，顺我者昌、逆我者亡，但这样做的结果是自己也会灭亡。另一种态度是在自己发展的同时也充分尊重自然、社会、他人的生存发展权，尊重多样性、差异性，以宽容的心态寻求与万物共生共处、共同发展之路。这就叫天地人和，其结果是自己能得到持久稳定的发展。哲人总结了长期以来人类与万物共生共处的经验教训，得出的结论是"和"比"同"要好，要"和而不同"。

人类的精神文化似一条历史长河，虽然有变化、更新，但前后连续，绵延不断，其中许多优秀的东西会超越时空，表现出惊人的生命力，给后人以永恒的启示。周秦时期产生的"和而不同"思想就是一例。

事物的多样性决定了相互间的共生关系。人是群体性生存的社会动物，不仅要处理好与自然万物的关系，还要处理好人与人的关系。凡是有人群的地方，都存在人与人是否和谐相处的问题，所以，"和而不同"对我们今天的社会仍有指导意义。

此外，孔子强调的"允执其中"告诉人们，"持中"就能"和"。"中和"观念已积淀成为中国人的一种心理定式和特有品格，并造就了中国人处世性格的鲜明特点。挖掘这些文化资源，既可以帮助学生以一颗平常心面对纷繁复杂的世界，又可以帮助学生在多元世界中学会包容和体谅。

（三）仁者爱人，孝悌为本

"仁、爱、孝、悌"是中华民族传统美德中最具特色的内容。"仁"的核心思想是爱人。关怀人，帮助别人排忧解难，而且将"为仁"作为终生修养的人就是仁人。孔子认为人生有三戒——色、斗、得，因此人在一生中的各个阶段都要避免错误，不断以仁德为奋斗目标，只有这样才能成为高尚仁德的人。

"仁"德的核心是爱人，而其根本则是"孝悌"。"孝悌也者，其为仁之本与。"（《论语·学而》）孝是人伦之始，是中国人的传统美德和中国传统文化中最突出的特色。孝悌之德的基本内容是父慈子孝、兄友弟恭。它在道德生活中具有崇高的地位，得到了普遍的奉行。孝作为伦理道德的起点，存在一个由内及外、由亲及疏、由近及远、由小及大的推行过程，推行到最后，几乎是无所不包、无所不在。

由于居住方式的差别，"孝"在不同的等级中有不尽相同的德行内涵。《孝经》《吕氏春秋·孝行》和《礼记·祭义》等经典，都对孝在不同等级的人之德行中的具体表现做了论述：天子之孝为"不敢恶于人"，诸侯之孝为"在上不骄，高而不危，制节谨度，满而不溢"，卿大夫之孝为"非法不言，非道不行"，士之孝为"以孝事君则忠，以敬事长则顺。忠顺不失，以事其上"，庶人之孝为"用天之道，分地之利，谨身节用，以养父母"。

孝悌之情的扩展，有赖于忠恕之德的运作。"忠恕"是由"仁"派生出来的，是"仁"由家族之爱走向泛爱的中间环节。孔子把"恕"作为"一言以终身行之"的道德准则，认为"忠恕之道"是"为仁之方"。忠恕之德的基本要求是以诚待人，推己及人。墨子提出"孝，利亲也，以亲为爱""父子不慈孝，天下之害也"。孟子提出国家要"申之以孝悌之义"。在忠恕之德的基础上，中国人形成了"四海之内皆兄弟""老吾老以及人之老，幼吾幼以及人之幼""不独亲其亲，不独子其子"的情怀和安老怀少的社会风尚，形成了中华民族大家庭社会生活浓烈的人情味和生活情趣。爱人、孝悌、忠恕是仁德的基本内容，也是中华民族传统美德的集中体现。这种由重视人伦关系，如和睦团结、互助友爱、父子有亲、长幼有序、朋友有信，到"明人伦"、崇尚人伦和谐的思想，对于维护社会秩序和改善人伦关系具有积极的作用。

（四）礼让谦和，笃实宽厚

礼让即孔子所讲的"温、良、恭、俭、让"，待人彬彬有礼、温和良善、朴素大方、谦虚谨慎、不卑不亢。这既维护有等级的社会制度，又使之和谐，矛盾不激烈。有了"和"就会安定，有了安定，社会就会向前发展。致"和"的途径在于不同等级的双方都能履行相应的道德义务，"君使臣以礼，臣事君以忠"（《论语·八佾》）。而孟子则鲜明地指出："君之视臣如手足，则臣视君如腹心；君之视臣如犬马，则臣视君如国人；君之视臣如土芥，则臣视君如寇仇。"（《孟子·离娄下》）这些都指出不同等级间要互相尽心尽力，互相关心，互相体谅。它强调不能苛求一方而放纵另一方，达到"己所不欲，勿施于人""己欲立而立人，己欲达而达人""老吾老以及人之老，幼吾幼以及人之幼"的思想境界，而这些都构成了中华民族人与人之间的道德规范。礼之运作，又需要有"谦和"的美德。谦德亦根源于人的辞让之心，其集中体现就是在荣誉、利益面前的谦让不争以及人际关系中的互相尊重。"礼""谦""和"都是体现中华民族美好情操的美德。

"地势坤，君子以厚德载物"（《周易·象传》）是渗透在中国传统文化中的基本精神，是民族得以发展的内动力。古人认为，人生天地间，应当"与天地合其德"。天的德行是生生不已，运行不息，它生成万物；地的德行是博大宽厚，它负载着万物，养育着万物。人也应该效仿天地，培养一种勤劳勇敢、自强不息和宽厚仁爱的德行。古代中国是一个以农业为主要生产方式的国家，长期的农耕生产形成了中华民族质朴的品格和务实的精神。中国道德崇尚质朴、朴素，儒家虽然强调"礼"的节文，但也要求以质朴为基础，在为人处世方面，以"实"为标准。在待人上，中华民族一向以宽厚为美德，严于律己，宽以待人。笃实宽厚的美德形成中华民族精神的崇实性和包容性，使得中华民族这个大家庭能够和睦相处，形成连绵不断的民族历史和民族活力。

这种宽厚之道经过漫长的历史发展，已融入中国人的思想观念和性格情感，支配着人们的行为方式和价值取向，成为中国文化精神的重要内容。挖掘这一资源，对于大学生培养良好道德品质，协调各种人际关系有着积极的意义。

（五）见利思义，坚守气节

中国传统文化鄙视只顾一己之利的行为，主张"见利思义""义然后取""不义而富且贵，于我如浮云"。在获取个人利益时，主张要考虑是否符合"取之有道"的原则，先义后利，义以为上，必要时"舍生取义"，不能为了物质利益而牺牲自己的道德人格。孔子主张"杀身成仁""三军可夺帅也，匹夫不可夺志也"，孟子强调"富贵不能淫，贫贱不能移，威武不能屈"，都是重视气节和人格的体现。千百年来，这种坚守气节、"士可杀不可辱"的浩然正气激励了一代又一代的中国人，造就了一批又一批的仁人志士，铸造了中华民族的脊梁。挖掘这一资源，对大学生树立科学的人生价值观，培养自尊自立的现代人格提供了有力保证。

（六）慎独内省，见贤思齐

修身养性，重视人的道德修养是中国的优秀文化传统，而且形成了丰富的内容。儒家特别重视心理感化对道德修养的作用，认为加强道德修养的基本方法就是"慎独"和"内省"。"慎独"是指一人在独处，无人监督的情况下，仍能自觉地遵守道德操守。"内省"是指经常反省自己的言行，通过自觉的"省察"使自己日臻完善。一个人良好品德的形成，应该通过慎独内省、见贤思齐的修养方法，把道德由外在的约束转化为内心的自觉，把道德认识转化为道德实践，从而较好地解决知与行的问题。

（七）勤俭务实，严于律己

勤劳的品性是中国人的传统美德。"头悬梁""锥刺股""发愤忘食""十年寒窗"，正所谓"天行健，君子以自强不息"。在这种美德之下，中国人创造了华夏民族光辉灿烂的精神文明和物质文明。崇尚勤劳的同时，中国人也崇尚俭朴。孔子指出所谓君子之德即"温、良、恭、俭、让"。老子也提出为人处世要"一曰慈，二曰俭，三曰不敢为天下先"。三国时，诸葛亮更明确提出"俭以养德"的思想。

勤俭，是一个民族生存发展的需要，是居安思危的忧患意识，也是一种道德修养。"成由勤俭，败由奢。"春秋时，有人批评鲁国大夫季文子竟"无衣帛之妾，无食粟之马"，实在有损国体。季文子反驳说："吾观国人，其父兄之食粗而衣恶者犹多矣，吾是以不敢。人之父兄食粗衣恶，而我美妾与马，无乃非相人者乎！"

所谓务实，即须讲求实际，务必不事浮华。在长期的道德实践中，中华民族形成了许多以"实"为价值标准的道德行为规范和美德。孔子曰："知之为知之，不知为不知，是知也。"要求人们必须树立诚实、踏实、务实的态度。他的"事思敬""执事敬"等论点，也包含着严肃诚实、做事认真务实的思想。孟子曰："声闻过情，君子耻之。"意思是说有道德之人对于超过实际的名誉也会感到耻辱，要求不图虚名，名副其实。明代哲学家吕坤曾说过："实言、实行、实心，无不孚人之理。"如果做到讲真话、做实事，就没有不为人所信服的道理。

孔子说："躬自厚而薄责与人，则远怨矣。"严于律己、宽以待人是中国人为人处世的另一美德。在律己之德下，传统伦理要求做到修己和克己。儒家认为，只要能安伦尽分，反躬内求，便是道德的完成，所以提出"为仁由己"，提高道德修养要"求诸己"。而克己正是为了奉公，即通过克制己私，超越自我，服从整体。强调律己，自然就要求宽人，所以传统伦理非常强调对人要"宽容大度""宽宏大量"。律己之美德造就了中国人忍让、谦逊的性格，培育了中华民族笃实宽厚的民风。而谦逊本身就是一种追求"和"的品德，是通过对他人的尊重，来创造"和"的关系。

三、人文精神

中国的传统文化是一种德性的文化，是以人为中心的文化，其中蕴含的人文精神，为我们处理人与人、人与社会、人与自然的关系以及个人的完善提供了丰富的资源。

荀子说，水火有气而无生，草木有生而无知，禽兽有知而无义，人有气有生有知，亦且有义，故最为天下贵也。他通过比较的方法，体现了人在天地万物中的核心地位。人与禽兽的区别就在于，禽兽有知而无义，人有知且有义，这里的"义"，指的就是礼义。

人之所以为人，就是因为懂得礼义廉耻，崇尚道德。在古时候，只有德才兼备的人，才会受到社会的推崇、人们的敬仰，被称为"君子"。由此可见，道德追求是中国传统文化中人文精神的重中之重，对此我们应当予以充分挖掘利用，将其融入高校德育教育中，培养大学生的人文道德精神，继承中国传统文化的优良传统。

第五节　中国传统文化在高校德育教育中的应用

一、中国传统文化在高校德育教育中应用的意义

（一）有利于推进我国高校教育现代化的发展进程

大学生教育是一项引领未来的事业。要加快教育现代化，高校应以培养德智体美全面发展的社会主义建设者和接班人为目标，坚持德育为先、能力为重、全面发展。要把德育放在素质教育的首位，丰富德育内容，创新德育方法，引导学生树立正确的世界观、人生观和价值观。因此，我国高校德育教育

在改革创新的过程中，应积极引进中国传统文化，将儒家、道家等诸子百家的德育文化注入现代高校的德育教育过程之中，从而在加强大学生德育教育的同时，不断推动我国高校教育的现代化发展。

（二）有利于补充传统高校德育教育的不足

在以往的高校教育过程中，德育教育往往处于次要的地位，即使有某些德育教育的课程，也存在着德育目标大而泛、德育内容相对滞后、德育方法陈旧单一等问题。而将中国传统文化引入我国高校德育教育的过程中，则有利于明确德育教育目标，完善德育教育内容，改进德育教育方法，从而补充传统高校德育教育的不足，进而让学生在了解中国传统文化的基础上得到更好的德育教育。

（三）有利于增强大学生个人的思想道德素质

中国传统文化是中华民族的瑰宝，给人以智慧。学习中国传统文化，可以增加大学生对历史的了解、对文化的了解，丰富他们的知识面，提高他们的思想深度和广度。中国传统文化中包含着诸子百家的精髓，如儒家文化含有做人、治学的人生态度，其在教授大学生德育的同时，也有利于促进他们的学习激情；而"天下兴亡，匹夫有责""先天下之忧而忧，后天下之乐而乐"等精神追求则可以培养大学生的民族自豪感和民族凝聚力。

二、中国传统文化在高校德育教育中的应用途径

中国传统文化是非常宝贵的精神财富，更是高校教育不可或缺的思想资源和教育资源，特别是针对个别大学生存在追名逐利、贪图享乐，缺乏起码的社会责任感和道德责任感等问题，有选择、有侧重地对大学生进行中国传统文化教育，是引导大学生树立正确价值观、坚持中国文化的传统道德的有效途径。

（一）专门开设有关中国传统文化的课程

高校在德育教育过程中，可以有针对性地拓宽人文学科的教学范围，在学校开设中国历史、儒家文化、古代哲学等有关的公共课以供学生必修或选修，并力求在这些科目的教学过程中把简单的知识传授转变成细致入微的养成教育。在教学过程中，高校可以中国古代的一篇篇经典作品为切入点，归纳、整理文章所涵盖的物质文化、精神文化、社会文化、行为文化，将其有机地融入教学中，适时结合社会现实和学生实际做精到、得法的引导和点评，有意识地向学生渗透中国传统文化道德教育。

（二）鼓励学生积极参与相关的社会实践

高校的人文教育、中国传统文化的弘扬不应仅仅局限在校园，而应把它延伸到社会。高校应把中国传统文化教育与开展各种社会实践相结合积极开展社会实践活动，增强大学生理论联系实际的能力。高校要依托地方人文底蕴，整合和利用当地传统文化资源，结合课程教学的需要积极开展社会实践，以丰富多彩的社会实践活动进一步增强学生对中国传统文化的感性认识和认同感。高校可以根据需要不定期组织学生参观文化古迹，从一处处文化古迹中亲身感受中国传统文化的存在和价值。另外，鼓励学生在假期里多组织或参加各种与宣扬学习中国传统文化相关的活动，以此在传播中国传统美德的同时，让学生接受到更好的德育教育。

中国传统文化蕴含着许多的哲学思想和人文精神，是中华文化五千年积淀的结晶。当前，向中国传统文化寻求思想资源，是创新高校德育工作的一条重要的有效途径。因此，在大力推进高校德育教育的过程中，引入中国传统文化教育将是大势所趋。

第二章 中国传统文化与高校德育教育融合的现状

中国传统文化与高校德育教育相融合具有重要意义，并且取得了一定效果，但是从现状来看，中国传统文化不论是在教育制度和相关学术研究层面，还是在中国传统文化与高校德育教育融合的实践中，都存在缺失现象。将中国传统文化融入高校德育教育，依然面临着许多现实的困难和问题。本章分为中国传统文化与高校德育教育融合的实际成效、中国传统文化与高校德育教育融合的症结所在、中国传统文化与高校德育教育融合之问题探因三部分，主要包括高校教育制度层面存在的问题、中国传统文化与高校德育教育融合层面的问题等内容。

第一节 中国传统文化与高校德育教育融合的实际成效

一、爱国主义情怀的深化

中华民族五千年的历史，爱国主义是中华文明呈现强大生命力的思想基础，爱国主义是中华民族充满生机和活力的精神支柱。伟大的革命导师列宁曾经说："爱国主义就是千百年来巩固起来的对自己祖国的一种深厚感情。"这就是说，爱国主义是热爱祖国、忠于祖国的思想、行为和情感，把对祖国深厚的感情化为无私的报国之举。

爱国主义是中华民族凝聚成为牢不可破的民族大家庭的力量源泉，成为动员和鼓舞中国人民团结奋斗的一面神圣庄严的旗帜，是推动我国社会历史前进的巨大力量，是各族人民共同的精神支柱。在现实生活中，普遍提倡的不是狭隘的爱国主义，也不是闭门造车，它应该是积极汲取世界各国的文明成果，其发展离不开其他文明成果的启发和支持。当代大学生要积极培养自己的爱国主义精神，这对成为合格的社会主义现代化建设事业的可靠接班人，具有非常重要的意义。

以前爱国主义是中华民族抵御外敌、奋发图强的精神支柱，现在和今后依然会成为提高国民精神素质，发展国家物质和精神文明，以及我国社会主义事业建设的巨大精神支持。进入新时期，培养爱国主义精神、发扬爱国主义传统、弘扬民族精神、增强民族自信心，不仅是大学生成才的基本要求，而且也是时代赋予大学生的历史使命。

相关调查显示，由于一直以来各高校普遍把爱国主义教育当作德育工作的重中之重，并始终紧抓不懈，很多高校一直对大学生有序地进行中国历史及国情教育，使众多大学生增强了自身对我们国家和民族的历史的认知，所以大学生普遍能够对于爱国主义有正确深刻的认识，爱国主义意识也在不断增强，大学生都能够采取积极正面的方式来坚持爱国主义精神，并能够通过正确的方式去表达自己的爱国情怀，这些都可以看成是大学生在爱国主义教育中得到正确引导的结果。

二、德育工作视野的拓宽

现阶段，在高校德育工作结合中国传统文化，拓宽高校德育工作的视野方面，取得了一些效果。

首先，许多高校面向大学生开设了一些讲述中国传统文化和高校德育关系的课程。大学生从中了解到中华民族先贤们的智慧结晶，可以从典故和事例中得到一些启发和收获，在道德养成和人生观树立方面得到很大帮助。

其次，国家对中国传统文化的重视为大学生了解和参与弘扬中国传统文化提供了更多机会。近年来，每逢重大传统节日或纪念日，全国各地都以各种形式的活动宣传中国传统文化，号召大家弘扬中国传统文化，大学生可以亲身参与这些活动，亲身经历活动过程，感受活动效果，这些活动激发了大学生的爱国情怀和民族自豪感，促进了高校德育工作的发展。

最后，很多高校借助校园文化这个平台用中国传统文化影响大学生。如利用名人雕塑、名言警句、传统文化讲座等方式，来启迪和引导大学生知荣辱、明事理、学做人，而且起到一定的作用。

三、人际关系与心理健康的促进

（一）交往能力的提升

目前，以"00后"为主体的大学生大多是独生子女，是独立性较强的一代。在他们成长的过程中，家长重视学习成绩的提高，而对德育有所忽略，使得他们中的一部分人的社交能力较为缺乏，对未来充满迷茫和担忧。这一点，很多社会学者已经著文做了详尽的分析，也提出了很有见地的解决思路和方法。其实，中国传统文化中所蕴含的重视人际关系等文化资源，恰好是当今大学生人际交往中最需要的东西，因此，通过在德育教育中不断渗透相应的中国传统文化思想，可以进一步推动大学生交往能力的提升。

（二）健全心理的培养

心理卫生一直以来都是我国教育关注的重点问题。现在的学生长期生活在"温室"当中，步入大学、走入社会后难免会遭遇一些磕磕碰碰。来自升学、就业、恋爱、生存等方面的压力对高校学生造成了一定的心理负担和困扰。如何防止心理问题的出现和扩大，培育健康健全的心理与人格是目前高校德育工作中不得不面对的关键问题。

在德育教育过程中，高校可以利用中国传统文化的精华，培养学生良好的道德情操以及积极乐观的心态，加强学生和他人的沟通交流，进而有针对性地解决学生所遇到的心理问题。学习中国传统文化中的优秀技艺，不仅能丰富大学生的日常生活，提高他们的艺术素养和个人情操，而且对他们心理的磨砺也是十分有帮助的。同时，在这一过程中大学生还能领悟到中国传统文化所散发出的智慧和道德的光辉。

四、个人德行与品鉴能力的成长

（一）道德修养的提高

思想道德修养是人们依据共同生活的行为准则和规范的要求所达到的水平，属于人们精神领域的素养。大学生不仅需要具备科学文化知识，而且还应形成较为完整的思想道德修养体系。两者的关系是相辅相成、不可分割的。大学生要在日常的高校生活学习中，以积极健康的思想来指导自身，以良好的道德修养来要求自己，从而培养自身成为有良好行为和道德修养的优秀大学生。

《中华人民共和国高等教育法》明确规定："高等教育必须贯彻国家的教育方针，为社会主义现代化建设服务，与生产劳动相结合，使受教育者成为德、智、体等方面全面发展的社会主义事业的建设者和接班人。"

调查发现，大学生思想道德整体素养还是有所提升的，例如，大多数的学生对中国传统文化以及高校德育工作都是持一种肯定的态度，近年来，各高校管理者对于大学生思想道德素质的重要意义有深刻的认识，高校德育工作的基本理念比较先进。

树立提升思想道德素质的理念是高校德育效果实现的重要支撑，高校应把坚持因材施教的德育教育原则作为促进大学生个体成长的重要保障，促进大学生思想道德修养的提高。调查发现，多数大学生的思想看法能与党和国家保持一致；对政治生活中影响社会稳定、国计民生的因素比较关注；处理实际问题灵活，具备了助人为乐、无私奉献等高尚品德；基本道德观的形成日益稳定。

（二）品鉴功能的增强

品鉴功能是指个人的品位和鉴赏能力，这一切的基础都建立在个人的审美能力之上。从美学的角度出发，优秀的中国传统文化无疑包含着各种形式的美，而且是一种高尚的美、永恒存在的美，这种美的形态和美的价值不会因为时间的更迭而褪去色彩。这种美无疑对提升高校学生的个人审美情操以及品鉴能力有着相当重要的作用。

首先，中国的传统美学向来倡导"美"与"善"的统一，甚至"善"和"美"这两个概念有时是等同的。中国传统文化时常将审美和伦理道德联系在一起，通过艺术手段将道德融入审美之中，这样不仅给鉴赏者带来了极佳的审美体验，而且还会产生极大的道德感染力。

其次，中国传统的美学内容少有低俗趣味。中国的传统文化中的艺术部分，多为高尚的内容，整体格调是高尚雅致的。而当今的校园文化中，某些低俗的文化会对价值观和人生观正在形成时期的高校学生带来某种新鲜感和冲击感，进而使其受到影响。如果要摆脱这一局面，利用中国传统文化中的审美教育是必不可少的。通过这种审美教育，帮助大学生形成正确的人生观和价值观，进而实现品鉴能力的提升。

五、认知程度与宣传力度的增强

(一) 认知程度的深化

优秀的中国传统文化是中华民族宝贵的精神财富，其经历了历史的沉淀与积累，已经融入中华儿女的血液，影响着一代代中华儿女的处世行为以及思想观念。

中国传统文化蕴含的优秀民族精神、优良品德等，正焕发着时代的风采与魅力。这种魅力对大学生的德育教育具有重要作用，但是中国传统文化形成的年代与当今大学生生活的时代距离较远，难以展现出真正的魅力与教育意义。党的十九大以来，整个社会对中国传统文化的价值进行深度挖掘，高校也不例外，也逐渐开始重视中国传统文化的育人功能。因此，大学生对中国传统文化从陌生到如今的接纳，是一个重大转变。

中国传统文化促进了大学生的深思，他们开始思考如何将祖先遗留下来的文化精髓进行传承与创新，如何运用中国传统文化来提升自己的素养，为自己以后的成才奠定坚实的基础。从当前形势看来，大学生对中国传统文化的认识已逐步深刻。

(二) 宣传力度的强化

近几年来，国家通过制作《国家宝藏》《中国诗词大会》等以中国传统文化为主题的电视节目，以及增设假期庆祝传统节日等方式引导人们参与到对中国传统文化的弘扬中来。各地政府机关、企事业单位及高校纷纷响应，举办不同形式的弘扬中国传统文化的活动。在这些活动中表现最为活跃和积极的，则正是弘扬中国传统文化的主力军——大学生。

随着对中国传统文化的育人功能的认识加深，一部分高校逐步加强了对中国传统文化的宣传力度，充分运用校报、广播、宣传栏、电台、互联网等渠道，多层次、全方位地宣传中国传统文化，让大学生无时无刻不受到中国传统文化的熏陶。

通过这种传统媒体和新媒体有机融合的方式对大学生进行潜移默化的熏陶，不仅积极地发挥了中国传统文化教育的导向作用，而且也较好地适应了大学生多样化主体需求。同时，部分高校还根据自身的资源优势及人文地理特色，拓展宣传方式。如，开展中国传统文化相关的讲座，在校园内设置名人雕塑，精选古人的经典名句张贴在图书馆、教室等学习场所等，通过这些方式来为大学生做人做事提供良好的价值导向，这使得大学生接触和参与中国传统文化活动的机会越来越多。通过这些宣传与活动，加深了大学生对中国传统文化的认知程度，能够更好地提升大学生的思想道德修养，培养大学生对中国传统文化的热爱与认同，从而自觉担当起传承中国传统文化的使命。

六、"思"与"行"的培育

（一）日常言行的养成

一个人日常的言行就像他的名片一样，会让他人借此形成第一印象。因此，日常言行的养成对于学生个人来讲是十分有意义的，而中国传统文化对高校学生良好的日常言行的养成无疑具有很大帮助。

第一，对国学典籍的研习有利于改掉日常的不良习性。举例来讲，一些大学生通过对国学经典的研习，改变了自己的日常行为习惯，从原来对老师和同学的敬而远之，成为现在班级里乐于助人、团结同学的班级模范，其转变是非常巨大的，从中可看出中国传统文化的强大效力。

第二，传统艺术对大学生行为习惯的改变，尤其是书法艺术。书法是系统性的文化艺术，并不是单一品类，其中包含着众多人生哲学，更是囊括了中国传统文化的核心哲学观点。中国几千年文化深深影响着人们，这其中就包括书法艺术，书法艺术也是文化的具体表现形式之一。在练习书法的过程中，书法爱好者学会了为人处世，学会了谦卑，更学会了礼让。书法更是修身养性的一种途径。

（二）思维方式的转变

以"00 后"为主体的当代大学生，受生长的家庭环境和社会环境的影响，容易养成叛逆的性格，个别情况严重的甚至可能会成为"精致的利己主义者"，部分大学生做事情、想问题多从自我的角度出发，很少顾及他人的感受，缺乏集体意识。在这种情况下，中国传统文化中"公义""仁、恕""内省"的理念正好可以改善当前部分大学生存在的这类问题。

1. 自我思考、自我内省

在面对失败或者挫折时，应该多从自身找原因，应该反躬自问，而不是一味地寻找客观原因。正如孟子所言"行有不得，皆反求诸己"，可以说，这句话是中国传统文化"内省"的集中体现,"内省"是一个人自我认识的开始,也是一个人成熟的标志,因为有了自我认识才会对自己形成正确的评价,并对自己日后的行为规范有所修正。

2. 多采用"中庸"的道路

《礼记·中庸》所阐发的道理,对中国人的行为方式产生了深远的影响,它告诉人们要不偏不倚、执中适度,不要做过头的事。在某高校教授中国传统文化的方老师,她说自己最喜欢《礼记·中庸》中的这段话:"喜怒哀乐之未发,谓之中;发而皆中节,谓之和。中也者,天下之大本也;和也者,天下之达道也。致中和,天地位焉,万物育焉。"她说:"为人处世,日常生活,太过、太不及,必然会导致人与人之间出现很多矛盾和冲突,可以说是自寻烦恼。如果始终处于'中和'的状态,就能靠近幸福。"而这种"中庸"的精神和智慧,对大学生来讲也是有其可取之处的。

综上所述,中国传统文化在高校德育工作中发挥着显著作用,中国传统文化的种种精气神,对高校学生日常行为习惯的矫正、思想境界的提高以及个人情操的陶冶都起到了有益的作用。

第二节　中国传统文化与高校德育教育融合的症结所在

一、高校教育制度层面存在的问题

(一)缺少中国传统文化教育内容

当前开设中国传统文化相关课程的高校数量不多。即使在德育理论课方面开设了相关课程的高校,其在课程结构上也存在着或多或少的问题,比如品德相关内容占整体课程的比重过大,文化相关内容比重过小等问题。

虽然各高校为了弘扬中国传统文化开办了相关论坛、讲座,但是其中涉及的多是一些专业性较强的内容。在高校课程研究中关于中国传统文化的教育没有得到重视,德育理论与中国传统文化的融合,还没有形成有效的模式。

(二)缺乏党政部门的有力推动和指导

部分地区的相关部门针对中国传统文化教育问题所发布的文件,只进行一般性的号召和原则性的要求，在具体工作方面上缺乏具体规定。另外，在高校的考评体系方面，对于传统文化教育鲜有专门制订的标准。传统文化教育不仅缺乏相关部门的监督，而且在考评和组织交流工作上也处于缺乏的状态。

（三）高校图书资料不能满足中国传统文化教育

目前，高校图书馆供学生阅读的传统文化方面的图书，多是一些专业著作，这类书籍对于学生来讲是有距离感的，并且是枯燥、难以理解的。而那些喜闻乐见、既具有思想深度还具有普及性的相关读物，在整体图书之中只占很小的比例。可以说高质量的传统文化教育读本在高校中处于缺乏的状态。

二、相关学术研究层面存在的问题

中国传统文化与德育教育研究，是近年来德育教育学科创新发展的方向之一。目前，学界对这一方向的相关研究主要集中在二者的内在关系、中国古代德育教育史、中国传统文化与社会主义核心价值体系等方面。

从总体上看，学界在相关方面的学术研究，使得中国传统文化与德育教育研究逐步趋向成熟化、学理化，同时，也有力地推动了德育教育理论的深化。但不可否认的是，当前的研究中也存在一些亟待解决的问题。

（一）研究的"彻底性"不足

有学者通过对相关研究成果的细致梳理发现以下问题。

第一，相关方面的研究基本上偏于宏观性阐释，主要着力从中国传统文化的宏观视野提炼出一些对德育教育具有启示性的德育教育资源，且提炼出来的德育教育资源大同小异，缺乏对这些资源提炼依据的进一步追本溯源。

第二，学界对中国传统文化与德育教育二者内在关系的解读，基本上都是泛泛而论的比附性论证，泛论、空论、重复性论述所占比例偏大，选题空泛、内容雷同、观点相似，缺乏对两者相融合的学理化的系统阐述与深入探究。

第三，学界在不同流派与德育教育相融合的具体研究中，大多数研究者是从儒家思想——孔子、孟子等少数代表人物的思想中来挖掘相关的德育教育资源，而缺乏从道家、法家、墨家、释家等不同流派思想，以及秦以后不同时代代表流派及其代表人物的思想中来挖掘相关资源。同时，对不同流派对中国传统文化的不同影响与作用及其在当代德育教育中的运用原则等，缺乏相应的深入探析。

第四，虽然中国传统文化中的德育教育资源非常丰富，但这些资源随着时代与社会的发展也在不断发展变化，关于如何解释中国传统文化的德育教育资源在历史发展中的流变问题，目前，学界亦缺乏相应的深入研究。

以上这些问题都表明，目前学界在中国传统文化与德育教育的研究中，虽然取得了一些研究成果，但是，在研究广度和研究深度方面均有所欠缺，理论的"彻底性"没有得到充分展示。

（二）人才培养与学科建设亟需加强

中国传统文化与德育教育的研究方向，要求研究者在中国传统文化和德育教育领域均有一定的学术功底。然而，根据对相关研究者学术背景的分析发现，目前，中国传统文化与德育教育的相关研究人员学科背景千差万别，大多专业知识结构单一，大多数相关方向的研究者无法满足上述要求。他们在专业知识结构上，要么偏重德育教育理论，要么偏重中国传统文化。在两者的交叉渗透研究方面往往只能泛泛而论，这也影响了他们学术研究成果的质量。

近年来，虽然这一研究方向日益受到重视，有一些高校已经开展了相关方向的教学与研究，如福建师范大学、江西师范大学、北京化工大学等，并有部分高校对其展开了更加专业和深入的研究，开设了相关方向的硕士与博士研究生教育，如海南大学、安徽农业大学、华北电力大学、首都师范大学、东南大学等，但范围还是很小，在学界的影响力仍然不够。

随着这一研究在学界的不断开展，目前已有若干相关的硕士论文和博士论文成果，并不断有新的研究力量加入，相关专著也在不断问世，但是，相关的专著数量仍然较少。通过对相关论文的检索发现，此类论文发表的学术期刊等级大部分较低，在中文社会科学引文索引（CSSCI）中，题名包含"德育教育"、关键词包含"传统文化"的论文还是相对较少的。

此外，国家相关部门、教育机构对相关学科的建设与人才培养的政策支持与经费投入都相对不够，对中国传统文化与德育教育研究的课题资助也相对薄弱。

（三）学科立场的辨识度不足

中国传统文化与德育教育研究关涉哲学、教育学、历史学以及一级学科下的相关二级学科等多门学科领域，必然要借鉴这些学科领域中的理论成果。就中国传统文化与德育教育研究现状而言，它与政治伦理以及中国古代思想史等的分界都不够明晰。一些学者意识到，应该在学科交叉中展现其独特的学科立场与话语体系。如学者张祥浩认为，在中国古代德育教育史的研究中，存在的难点：一是如何处理思想教育与广义上教育学的关系，二是如何处理思想教育理论与思想史的关系。然而，究竟应该"如何展现"，这一学科分界问题依然没有得到妥善的解决。

此外，关于"古代德育教育"这一新概念，如何界定其内涵与特质，学界有不同的观点，至今仍是一个悬而未决的议题。这也在一定程度上影响了学科的辨识度。

（四）研究方法存在误区

目前，学界在中国传统文化与德育教育研究中，还存在研究方法上的误区。主要体现在以下两方面。

1. 用德育教育理论碎片式地分解中国传统文化

目前，在相关研究中，由于大部分学者是德育教育或相关专业出身，对中国传统文化本身缺乏深厚的了解，这就使得他们对中国传统文化进行阐释时，只能用当代德育教育理论碎片式地分解中国传统文化，使中国传统文化的本来面目与内在精神气质无法真实地呈现出来，而且所谓的传统德育教育的逻辑体系亦缺乏自足性。

当然，在实践中，不应该否认以新的学科视角去重新审视中国传统文化，可以推动理论创新。但是，这并不意味着可以望文生义、随意发挥，而是应该以尊重古人思想的真实含义作为创新的前提。

2. 以逻辑推演的方法取代实证研究的方法

目前，学界在中国传统文化与德育教育的研究中，大多是以逻辑推演形式来进行的，比如基于中央文件精神将中国传统文化作为一种解释性资源进行研究，或者从纯粹的经典传统文化文本解读中寻求可借鉴的思想资源。

众多相关研究学者往往忽略社会大众群体对中国传统文化的认知、认同现状，以及不同的社会群体对中国传统文化的不同需求。这就使其在实际生活的应用价值难以得到有效体现，不能真正地服务于社会现实。

三、中国传统文化与高校德育教育融合层面存在的问题

（一）课程结构设置不合理

科学技术的迅速发展以及世界各国之间专业技术的激烈竞争使得高校重视培养技能型人才，在这种背景下，一些高校过度重视学生的科学技术教育而忽视了学生的人文教育，进而导致一些课程结构设置不够合理。

1. 课程比例不协调

总体来说，高校设置与中国传统文化相结合的课程较少，课程比例不协调，相关课程覆盖率不高。目前来看，大多数高校主要以培养技术型和应用型人才为培养目标，高度重视强调学生的专业技术知识和实践操作能力，而对他们的人文素养和文化底蕴有所忽视。部分学校重理轻文的教学模式使得人文类相关内容和课程较少，学生学习这些知识的机会和途径也相对较少。还有部分学校即使设置了相关课程，也仅仅是将其设为选修课和通识课，高校关于中国传统文化的相关课程不断缩减，因此高校中国传统文化课程并未完全覆盖到全体学生，难以使全部学生得以了解和学习。而对于选择了中国传统文化课程的学生，其是否真正将学习到的相关内容融会贯通，在生活中是否能够自觉践行，将课本知识外化于行，这些也都难以具体量化，无法考量其是否真正深入人心。

2. 课程内容不合理

（1）课程内容较单一

就教学课程的具体内容而言，中国传统文化知识在德育课程中显得比较单一，教师在教授过程中也仅仅是泛泛而谈，具有一定的片面性。同时，教师在授课过程中主要专注于中国传统文化本身，或者是其中的某些特点，并没有将其内容进行系统化和整体化的归纳，也没有将其与其他相关课程内容相融合，难以使学生整体消化、全面吸收，因而难以激发他们学习相关知识的热情。

另外，德育课是当前学生提升自我素养的主渠道，但德育课的一些内容本身理论性较强，很多知识不易理解，很多人在掌握过程中难免觉得无聊没趣。授课教师仍然通过理论灌输的教学方式，对教材大纲照本宣科，而课堂上互动交流、问题探讨类教学方式较少，单一的教学方式难以满足当代学生的求知欲，无法引起学生对相关论题的思考与探究，因而难以引起他们的学习兴趣和心理认可。

（2）中国传统文化方面的内容缺失

中华文明历经五千余年的发展，积累了厚重的文化底蕴，形成了以爱国主义为核心，自强宽厚、群体至上的民族精神，以及崇德尚仁、天人合一、和而不同、诚信求真、知行合一、开放融通等优秀的中国传统文化思想，影响着一代又一代的中华儿女。将中国传统文化积极融入高校德育教育实践，对于推动高校德育教育工作与学科发展，有着十分重要的意义。

然而目前，我国很多高校德育教育中都缺少中国传统文化教育内容。在部分高校的德育教育课堂里，中国传统文化方面的内容更是少之又少。

从目前我国高校德育理论的课程设置来看，中国传统文化并没有被设置为我国高校德育教育的必修课程，其内容只是零散地分布在部分章节中，尽管也有一些高校开设了"中国传统文化概论"等类似课程，但也仅是作为选修课开设，普及程度有限。而关于中国传统文化与德育教育方向，更是缺乏相关课程的开发与设置以及相关教材的编写。

不仅如此，目前，在我国高校德育教育实践活动中，以中国传统文化为主题而开展的活动，基本上处于随机开展的状态，既没有固定的时间安排，也没有形成固定的形式和要求。活动开展的好坏，主要依赖德育教育工作者对中国传统文化的认知程度和重视程度，中国传统文化中许多优秀的教育资源，没有被德育教育实践者很好地开发和利用起来，造成了教育资源的浪费。这也是导致中国传统文化在我国高校德育教育中缺失的重要因素。

3. 教学手段陈旧

21 世纪是信息化快速发展的时代，人们获取信息的方式和载体多样，人们能够快速接收来自世界各地的新闻信息，并以最快的速度将其传播到世界各地。因此，对于高校大学生来说，单一的教学手段和教学方式难以真正满足他们对课本知识和课外知识的渴求，传统的教学模式仅仅是教师讲、学生听，难以使学生通过更直观的方式来获得感官上的感受。

在当今时代，互联网技术日益普遍，但仍然有一些教师固守成规，教学手段缺乏创新，在授课过程中较少使用多媒体设备，仍然照本宣科，难以引起学生的注意。大多数教师能够使用相关课程课件，但是在授课过程中使用效果较差，课件内容不新颖，仅仅是知识点的罗列与堆砌，难以将知识点内容与视频、音频等相结合，学生不能够直观地把握相关内容，难以实现理想的教育效果。

（二）师资力量较匮乏

高校德育教育是学生科学系统接受理论知识以及实现"三全"育人的主阵地，一个学校的师资力量同样影响着德育教育工作的成效。目前来看，学校整体的德育工作者素质较为薄弱，师资力量仍须不断增强。

首先，就学校层面来看，师资队伍数量和结构上都不够合理。专兼职教师比例有所倾斜，专职教师缺口较大。对于部分高校来说，专职和兼职相结合的师资队伍能够最大程度地利用现有师资，最大限度提升办学效率。但是，长期下去却造成了兼职教师的人数远远多于专职教师，且出现专职教师队伍流动性大的现象，因此难以建设一支稳定且高水平的专职和兼职教师相协调的师资队伍。同时，高校教师的年龄层次、学历层次以及职称结构的比例关系也影响学校德育工作的展开。从年龄来看，高校中存在年龄两极分化现象，呈现两头较大、中间较小的情况；从学历方面而言，高层次人才比较缺乏，亟须引进高层次的专家与学者；部分高校教师整体素质不高，教授、副教授以及讲师比例不协调，整体结构明显不合理。部分学校的教师科研能力有限，并且科研创新水平有待提升。一些教师的教学课时量较大，缺少充分的时间和精力搞科研或者参加相关培训，导致教师科研水平较弱。

其次，就德育课教师自身而言，其自身的专业素质较为薄弱。一些德育课教师自身的知识体系就较为匮乏。作为一名德育课教师，应具备基本的教育学、哲学、心理学等多学科知识体系，而部分德育课教师由于是马克思主义理论相关专业出身，研究领域也侧重于相关的理论研究，而对中国传统文化知识缺乏科学的认知与培训，没有形成扎实的理论功底。因此，这些教师难以有效地将这些内容准确运用到德育课程中。

再次，授课教学模式陈旧。德育课教师大多采用传统教学模式中的"理论灌输"方式进行授课，部分教师教学载体运用单一，仍然坚持采用板书的形式。大多数教师虽然会采用多媒体投影演示授课课件，但仍然以文字和图片为主；虽然比单纯的讲授课本知识有所进步，但仍然未能很好地利用网络载体，难以将晦涩难懂的内容借助音频、视频等形式表现出来。当代大学生的学习和生活逐渐网络化，这种方式的转变同样也对传统的教育模式提出了更高的挑战。因此，授课教师必须紧跟时代发展，转变授课模式，采用学生易于接受的教学方式开展授课计划。

最后，辅导员也是高校重要的师资力量之一。但是目前来看，全国的辅导员偏年轻化，同时部分辅导员的资历与精力不足。一些辅导员较年轻，缺乏工作经验，资历较低，中国传统文化与德育教育理论知识储备量也相对较低。那么，在与学生的沟通交流当中无法将一些文化知识与德育的内容有效融合，难以进行高效率的德育教育。同时，辅导员工作繁忙，同时负责党建工作、就业指导以及心理健康教育，自身没有充分的时间和精力研究中国传统文化教育，自然也无法把这些知识体系与实践相结合，引导学生形成正确的价值观念。

（三）育人环境仍需优化

要在高校德育教育中实现中国传统文化的融入，离不开具有浓厚中国传统文化氛围的德育教育环境。良好的中国传统文化教育环境，有助于激发大学生的兴趣，增强其主动接触与了解中国传统文化的诉求。而当前中国传统文化融入高校德育教育的育人环境还存在着如下问题。

1. 高校育人环境中国传统文化氛围不足

一些高校在进行德育教育时，对于中国传统文化的运用存在形式化问题。虽然在开展德育教育的过程中强调中国传统文化以及中华传统美德，并肯定其对大学生道德品质提升的重要性，但在教学成果的评价上，仍是以学习成绩的好坏去定义学生是否优秀。这样的育人环境，只能让中国传统文化的融入浮于表面，无法真正深入学生的思想，内化为其品德修养的一部分。

2. 社会育人环境复杂

首先，自改革开放以来，外来文化不断涌入，西方文化强势传播。欧美等西方国家不断向我国输入文化产品，进行文化渗透。大学生们对于欧美大片、西方节日逐步认可并接受其融入自己的生活当中，这在一定程度上也削弱了大学生对我国传统文化的认同感。

其次，一部分不负责任的媒体，大肆宣扬享乐主义、拜金主义，对大学生的道德认知产生了不良影响，加大了中国传统文化融入高校德育教育的难度。

（四）综合评价体系仍须完善

评价机制的运用是有效反映教育各环节成效的重要环节，对中国传统文化融入德育工作起关键作用。通过评价结果，可以有效反馈高校及教师在工作中取得的成绩与存在的不足，有利于弥补各个环节的缺陷，从整体上完善工作。

完善高校建立的评价机制，首先可以对高校在顶层设计、管理服务和实施方法方面的工作一目了然。针对某些高校过度追求就业率，注重文化知识学习，而忽视学生道德品质和心理健全发展的问题，可以及时予以纠正。其次能够客观评价教师的德育教育实践工作，了解教师在教学目标、教学理念、教学实践、科研成果等方面是否达到要求，看到教师对中国传统文化的把握程度和应用能力。最后通过过程评价、结果评价等多种评价方式，对大学生的道德和其他品质做综合考察，及时掌握学生的实际情况，例如，有的学生知识接受能力很强，但没有注重提升自身的道德水平；有的学生接受了道德知识，却没有转化为道德实践。由此，我们应该不断调整高校评价体系的评价目标、内容、理念、方法、级别等，完善评价机制建设，保证中国传统文化全面发挥立德树人功效，切实落实德育教育的实践工作。

（五）立德树人制度尚不完备

立德树人经历了形成、发展、成熟阶段，且随着时代不断变化发展。德育工作需要一套系统性的制度，保证工作合理、科学、稳定、有序、连续的进行。目前，高校中存在德育目标与大学生发展不协调、德育内容与大学生生活联系不紧密、德育管理与大学生需要不相契合等问题。没有恰当的立德树人制度保障，意味着没有专业的教学系统（包括教学计划、课程设置、教育者、教学设备等）、规章制度、管理制度的保障，在开展工作时容易受到限制，不利于推进工作，使得中国传统文化德育资源、育人理念和经验难以得到完全的开发利用。因此，高校要着力建设完备的立德树人制度，更好地促进中国传统文化融入德育教育的实践工作。

（六）大学生的中国传统文化基础薄弱

利用中国传统文化提升思想道德品质和人格修养，丰富的中国传统文化知识是基础。有了知识的铺垫，才能深化对中华民族上千年历史文化的理解，加深对传统文化中丰富精神内涵的领会，增加自身的人文素养，才有通过知识感悟其中道德品质的可能。中华文化是中华儿女共同的精神基因，但目前大学生的中国传统文化基础较为薄弱，中国传统文化知识缺乏和对中国传统文化内涵认识浅薄是其中较为突出的表现。

（七）培养目标和教学模式、内容单一片面

首先，从培养目标和价值定位来看，虽然我国的德育教育的根本目的是提

高人的思想道德素质，促进人的全面自主发展，激励人们为建设中国特色社会主义，最终实现共产主义而奋斗。

但是，长期以来，我国的德育教育实践中往往对道德教育的实际功能有所忽视和弱化。同时，在价值取向上，往往强调"社会本位"和"无私奉献"，而忽视人的自由全面发展，缺乏理性精神与人文情怀。

其次，从教学模式来看，长期以来，我国高校的传统德育课堂教学中，都是以教师为主导的教学模式。主要体现为：片面强调教师作为教育者的权威，注重对学生外在的约束管理，忽视学生作为受教育主体的主动性、积极性以及自我约束力；忽视学生的个体差异，在德育教育的教学过程中，习惯于用统一化的目标和标准来要求和评价学生；忽视学生的情感需求，在德育教育引导方面缺乏对学生交互式的引导导向作用；等等。

再次，从教学内容来看，由于在德育教育实践中，教育目标的偏离与片面化强调，部分高校教育重智育而轻德育。

在现代化的进程中，社会机制高速运转，教育不可避免地卷入其中。面对就业压力，智育的地位被不断抬高，德育则少人问津。尽管这样的做法与教育的完整性存在一定程度的背离，但从多方利益角度考虑，重智育轻德育似乎已经是约定俗成的了。德育为首的教育目标并没有在教学实践中很好地落实。虽然，应试教育逐渐被素质教育所替代，但在以考试为衡量标准的制度下，德育的地位仍然难以提高。

第三节　中国传统文化与高校德育教育融合之问题探因

一、社会层面原因

（一）受多元文化的影响

1.受网络文化的影响

近年来，随着网络信息技术的高速发展与普及，网络受到了广大大学生的喜爱，应运而生的网络文化也因为符合大学生求新求异求变的心理特点而得到追捧，在当今社会得到了广泛传播。

网络确实给中国传统文化教育的实施创造了全新的文化环境，提供了更多的平台和渠道，但在带来先进的科学技术和思想观念的同时，也不可避免地带来了与社会文明进步相违背的异质文化。

首先，网络语言造成传统语言文字的失范和混乱。"有木有啊""886"，这些古怪的用语和文字，近年来在网上不断涌现，这类文字看起来标新立异、张扬个性，特别受大学生群体的青睐。由于这些网络用语在使用上的随意性和非规范性，怪字、错字、别字层出不穷，这必将影响大学生对严谨规范的传统语言文字的学习与掌握，冲击祖先留下来的丰富多彩的语言文化，从而造成大学生传统语言文字方面的混乱。

其次，网络多元化价值体系冲击着大学生的传统价值观。网络文化是一种开放性的文化，不同国家、民族的文化在网络传播中相互碰撞和交融，使得文化向多元化发展，这必然会形成多元化的价值体系。网络文化中有许多先进的思想与理念，但其中也有不良文化，如宣扬拜金主义、功利主义、物质主义等。大学生正处于逐步走向成熟的成长阶段，他们缺乏稳定的世界观、人生观、价值观以及审美观等，很容易受到网络上一些与优秀中国传统文化价值观相背离的文化的影响。

再次，网络搞怪行为也歪曲了经典文化形象。例如，网络搞怪中对一些古诗词的改编，"美人卷珠帘，万径人踪灭""两岸猿声啼不住，惊起蛙声一片""车辚辚，马萧萧，二月春风似剪刀""借问酒家何处有，姑苏城外寒山寺"等，这些搞怪现象表面上看来产生了一些奇特的效果，但实际结果是严重影响了大学生对古诗词的学习与理解。

网络是一把"双刃剑"，关键是如何发挥好平台的作用，为大学生创设一个适宜其成长发展的绿色环境。如何过滤掉网络中的社会文化垃圾，宣传和传播正能量，是全社会一直在探讨的重要话题。

2.受大众流行文化的影响

在现代工业社会的背景下，产生了大众文化这一文化形态。具体来说，大众文化是指以大众传媒为载体，以城市大众为对象的复制化、模式化、批量化、类像化、平面化和普及化的一种新的文化形态。

大众文化作为一种日常性的消费文化在当代得以日益凸显和张扬。物质主义、消费主义等是对中国传统文化内涵的直接消解，在"利与义""物质与精神"等核心问题上，部分大学生很可能受到影响，从而做出错误选择。

流行文化是指大学生在与社会互动中形成的，得到同龄群体认同的独立价值和行为规范，包括生活形态、行为模式和心理特征等。随着我国社会经济发展，娱乐产业高速发展，在这样的背景下产生了很多娱乐选秀节目，这些娱乐节目在一定程度上影响着当代大学生的价值取向、思想观念、生活方式、审美情趣、语言方式等。这些流行文化与娱乐文化结合在一起，极易发生变异，从而成为一种粗俗文化。它们往往会使一些大学生对有深厚内涵的中国传统文化拒而远之，而去追逐稍纵即逝的外在形式。

3. 受西方文化的影响

改革开放以来，由于受到西方文化的冲击，部分大学生对自己民族性的方面，不管是在身份的保持上，还是在中国传统文化的学习方面，均有所忽视，甚至将继承中国传统文化视为一种守旧过时的行为。这种问题导致中国传统文化融入高校德育教育的进程愈发艰难。

4. 经济全球化对文化的影响

伴随着经济全球化的发展，不同国家之间开始频繁交流，并且相互影响。为应对经济全球化带来的一系列挑战，高校在德育教育方面必须加以重视，对高校学生进行积极的引导，让其学会"取其精华，去其糟粕"，学会辩证地看待传统文化。这就要求高校不仅要在日常德育教育方面，还要在课堂教育方面，注重传授优秀的中国传统文化思想，采用科学合理的教育方式，将中国传统文化渗透于高校学生的行为指导思想之中，这样才能有利于高校德育教育取得实效。

综上所述，结合当前的时代条件，若想使高校学生的德育教育不断取得发展，就必须从文化的角度出发，进行深刻的思考。

（二）受现行教育体制的影响

1. 教育体制存在的问题

从我国的教育体制方面分析，在很长一段时间内所设置的教育导向，主要是以升学、就业等方面作为目标，这也是导致高校学生的思想道德素质和文化素质教育缺失的原因之一。

为了解决教育体制存在的问题，我国提出了素质教育改革，虽然得到了教育理论界的重视，并且在实践中也逐步取得了一些成效，但还是存在诸多问题。一方面是由于应试教育的影响广泛；另一方面是因为素质教育还处于成长发展阶段，与之相适应的教育目标体系等方面还没有发展完善。当前素质教育在我国各地的发展现状，整体来说还没有取得突破性的进展，说明我国在全面推进素质教育时，距离这一目标的实现还存有一定的困难。

2. 应试体制与学生心理的双重约束

中国传统文化的继承和发扬，应该存在于学生教育的各个阶段，是一个循序渐进且长久的过程。在应试教育体制的影响下，无论是在高校方面还是学生方面，均过于注重就业率，在这一过程之中就过于偏重专业技能的传授，在学生课下之余也很少有时间能够涉猎中国传统文化知识。

另外，于学生心理层面而言，随着获取信息的渠道的拓宽，大学生面对海量的信息与文化冲击，如何保持学生本心，也是当代大学生的课业。同样也需要教育者正视一些低俗文化对于高校学生产生的影响，积极采取相应措施。

二、高校层面原因

（一）中国传统文化资源的应用载体单一

随着现代教学载体的更新及国家对传统文化的重视，大学教学方式也随之多样化，将中国传统文化渗透到日常教学中，增加课堂的丰富度，一些影响也已经显现。但是仅有这样的尝试是不够的，必须拓宽教学途径，在课堂教学之外开发新的授课形式，以满足当代大学生对知识趣味性、活动实践性、平台网络化的追求。

1. 教学载体比较单一

目前，高校对中国传统文化的教授大多局限于思想政治理论课和公共选修课。德育教育理论课上对中国传统文化的涉及往往是为了提高本学科的文学性，并没有在中国传统文化中提炼出道德教育的切合点，这种浮于表面的教学没有办法发挥优秀中国传统文化的精神内核。而公共选修课，一方面并不是每一所高校都有中国传统文化方面的课程设置，特别是古典诗词、名著以及艺术鉴赏方面更是凤毛麟角。另一方面，部分开设的院校学生选修率也不高，远不如娱乐性强的电影赏析等课程受欢迎。一些理科院校的选修人数更是少之又少，有的甚至因为无人选修或选修学生太少而无法开课。相比之下，学生更愿意选择实用性强的信息技术、语言类等课程，其中最主要的原因就是他们没有看到中国传统文化对自身内涵的提升作用。出现这一现象，也印证了"校园就是一个小社会"这一论断，这种选课的功利性，很大程度上和当今社会上漂浮的焦躁以及急功近利相关。

2. 社会实践功能未得到充分发挥

以中国传统文化为主题的高校活动开始慢慢出现，比如邀请专家开讲座、在学生社团中开展各种比赛等，但是相比较其他主题活动，针对中国传统文化的活动还是有限，一般都只会在相关的节日才会进行，而且活动质量也不是很高。

3. 数据化平台没有得到充分利用

网络是现在社会被运用最广的媒介，高校的教育也看到了这个优势，利用网络进行德育教育，传播中国传统文化。部分高校尝试在网络平台上进行数字化推广，建立论坛或开设大讲堂。就目前高校网络建设来看，大多数学校都建立了自己的专属网站，但极少给中国传统文化开辟专栏。

（二）对中国传统文化融入德育的重视不够

美国学者威廉·詹姆斯曾说过："人的思想是万物之因，你播种一种观念，就收获一种行为。"思想决定行为，中国传统文化融入德育的效果不佳，从思想的源头上分析其实是教育者对融入的重视不够导致的结果。探究其中原因，有学者从主观层面和客观层面两个维度进行分析。

1. 传统应试教育思维下德育的弱化

虽然我国目前实行素质教育政策，但是素质教育的效果并不理想，一些应试教育的思维仍旧深刻地影响着我们的教育事业。一些高校过于重视学生的文化课分数，忽略了学生的文化素养和人格品德，重智育轻德育的现象仍然存在。教育理念会影响教师的育人理念，由于从思想上缺乏对于德育的重视德育工作往往流于形式，缺乏创新，不见效果。访谈时某位高校教师提到，感觉学校的德育总是在喊口号，许多实质性的工作并没有落实到位。而接受访谈的学生则表示不管是教师还是家长，最在乎的还是分数。某高校的校长表示要从根本上改善学校的德育工作，管理者和教师都应该转变理念，从重视分数真正变为重视育人。

其实，早在我国古代，德育就被放在不可替代的第一顺位上。德育一直受到教育家的普遍推崇，孔子就明确地提出"弟子入则孝，出则悌，谨而信，泛爱众而亲仁，行有余力，则以学文"。朱熹更是把道德教育放在第一位，"古昔圣贤所以教人为学之意，莫非使人讲明义理，以修其身，然后推己及人"。在大学生价值观形成的重要时期，品格修养、思想道德的教育本该占据极其重要的地位，但在应试教育的影响下，提高考试成绩成了重中之重，德育却被从思想上放在了可有可无的尴尬境地。

2.教育者对中国传统文化内涵的认知层次较浅

文化传承理论认为文化的发展离不开上下两代人甚至几代人的传承，在众多传承的途径中，教育是其中重要的一条。我国的传统文化历经上千年的积累和沉淀，蕴含着丰富的道德精髓，将这些精华通过教育的方式让学生继承和发展，是教育者们不可推卸的责任。对于中国传统文化的博大精深和育人的价值，教育者普遍都能够认同，但却不能深刻把握中国传统文化融入德育的必要性和紧迫性。

中华民族有着悠久灿烂的文明，是世界上唯一几千年不断延续、传承至今的文明。中华文明所蕴含的自强不息、厚德载物的精神，经世致用、实事求是的哲学思想，"以和为贵、和而不同"的"和合思想"将成为中国文明复兴的不竭的"源头活水"。中国传统文化伴随着中华民族的发展而不断壮大，其中蕴含的道德精神、品格精华，也在岁月的洗礼下愈加闪耀。教育具有传递、保存、活化传统文化的作用，一方面要保护、传承文化，另一方面也要选择、更新与提升文化。但是当下，教育者未能深刻认识到中国传统文化对学生德育的推动作用，也没有把握中国传统文化中具有时代价值的教育内容，导致在心理层面上不能真正重视中国传统文化融入德育。

（三）学校没有精准挖掘文化融入的渠道

中国传统文化的内容纷繁芜杂，有其精彩之处，也同样残留有一些糟粕之物，并不是所有的部分都适合作为高校德育的教育题材。在经济全球化发展的世界背景下，多元化、多样性的文化思潮正不断浸透和冲撞着中华民族几千年的灿烂文明瑰宝。

一些西方国家更是改变了以往强硬的经济、政治、军事等侵略思路，把锐利的目光转向了更加不易察觉的隐性文化手段，通过兜售自己的价值体系、意识形态和政治体制，向中国发起"文化战争"，企图以开放和自由为幌子，对大学生实施意识形态渗透和文化殖民侵略。例如，西方惯常利用互联网等新媒体大肆宣扬所谓的西式"美丽风景线"，传播"普世价值"的观点，擅长通过电影、动漫、音乐、艺术等青年人所喜好的文化产品进行意识形态输出。其中的有害内容助长了当代社会的不良风气。

中国传统文化在这样的文化氛围中无疑就成了内容空洞、徒具包装的"愿景""理想"和"复兴"，难以真正流入德育教育的根叶里，成为学生思想苗壮成长的高营养价值的"肥料"。在这样的多元文化背景下，学校和教师如果没有精准挖掘中国传统文化融入德育教育的切入点和渠道，而是不加甄别地生搬硬套，泛泛而谈，那么不仅中国传统文化融入德育教育的意义无法实现，而且可能会出现负向传导的风险。

（四）社会实践活动缺乏对中国传统文化的运用

随着教育事业的空前发展，传统文化课程以更高级的形式回归到大众视野并且市场前景甚好，看似社会各界对中国传统文化的认同度日渐递增，但文化育人这一深层价值并没有引起足够的重视。

1. 家庭成员望子成龙心理

孟子曾言"养心莫善于寡欲"。父母都希望孩子拥有更多的能力，因此很多家长都给孩子报了各种特长班，希望孩子成为有特长的人才。书法的初衷原是修身养性、陶冶情操，国画的魅力在于笔精墨妙、提升审美，国学的回归是因为中国传统文化中潜存着丰富的育人价值。而一些中国父母更看重作品是否得奖、背诵的诗词古文能否在亲戚朋友面前展示搏一搏面子，这无疑与中国传统文化育人的落脚点相背离。父母作为子女人生中的第一导师，应该将目光放在良好家风建设和"孝"文化的传承中。

2. 对公共平台的利用和把控不到位

公交站牌、社区宣传栏、公园美化、广场建筑、电视节目等都是宣传教育工作开展的良好平台。一方面，没有利用好这些公共载体，如公交站牌旁的公益性广告更能深入人心，社区宣传栏上举办活动的照片和公告比张贴二维码加群更能调动年轻人的积极性，电视节目中配合舞美和音乐的古诗词更能引起年轻人的情感共鸣。另一方面，对公共平台的把控有待加强。公共平台起到的育人效果往往是广泛而持久的，但不利因素亦是如此，当下奢靡之风、历史虚无主义等仍然潜存于公共平台内，需要严加管控。

3. 社会各部门缺乏有机联动

在中国传统文化进校园的同时，各高校也逐渐尝试"走出去"。社会范围内的中国传统文化活动普遍具有目标不明确的通病，究其根本在于各个部门之间缺乏沟通和配合以及协同育人的意识淡薄，活动中只是各自完成相应的工作，并没有认识到育人的使命。此外，国内优秀企业的社会价值未能得到充分发挥，忽视了企业为社会发展储备人才、培养人才这一客观事实。

（五）校园文化缺少与传统文化的创新结合

校园文化活动是高校开展大学生德育教育必不可少的环节，也是开展中国传统文化教育的良好契机，良好的校园文化活动应结合时代特点，从中国传统文化中汲取养分和精华，打造具有中国特色和优良校风的校园文化活动。造成中国传统文化融入校园文化创新性不够的原因有以下几方面。

1. 高校忽视校园文化活动的育人作用

校园文化活动具有强烈的熏陶感染功能，能够提升大学生的参与感和幸福感，在愉悦身心的同时培养学生"德才兼备、以德为先"的品质，但由于德育教育工作成效的循序渐进性，高校容易忽视校园文化活动的强大育人功能，甚至有些高校的德育教育工作者人数还没有和在校大学生人数形成均衡比例，在举办校园文化活动时没有专门的组织机构负责策划，形成了盲目举办活动的不良风气，与通过校园文化活动育人的初衷背道而驰。

2. 校园文化活动与中国传统文化的断层现象

中国传统文化中凝结的伦理精神、思想修养和仁爱胸怀与校园文化校风建设、学风培养和办学理念息息相关，为校园文化建设积蓄力量。校园文化从中国传统文化中汲取营养，承担传播载体作用，中国传统文化在校园文化活动中得以显现和创新。但当下，部分学校存在校园文化与中国传统文化断层的现象，导致校园文化活动趋于形式化、表面化，难以对大学生的思想认识产生深刻的积极影响。

3. 校园文化活动展开实践的局限性

校园文化活动通常以组织社团、开设选修课、参观博物馆的形式开展。一方面由于学生课业压力和就业压力的增加，选择中国传统文化作为选修课的学生人数甚少，除此之外，没有专门教师指导的中国传统文化类社团很难突破创新，只能满足浅层兴趣社交的需要；另一方面，部分高校德育类经费有限，配套设施不够健全，校外实践活动次数难以得到保障。与此同时，一些高校没能充分利用地域资源，展开实践的局限性让校园文化活动难以达到预期的标准，呈现以文育人、以文化人的效果。

（六）管理层对中国传统文化融入德育缺乏设计

中国传统文化融入高校德育教育是一项复杂的、系统的工程，需要管理层以顶层目光进行整体设计和规划。从管理层角度分析，高校的中国传统文化和德育的融合工作缺乏战略性的全面布局。目前，中国传统文化融入高校德育的工作内容较为零散，难以形成有机整体对学生的思想品德构成全方位的影响。通过调查发现，部分高校缺乏一套完整的教育内容体系对学生品德方面进行持续性的引导；缺乏评价机制和反馈机制，融入效果的评测、师生对融入的建议、相应的奖惩措施都存在缺乏现象。

系统地对中国传统文化融入德育进行设计，应该包括对融入方法、融入目标、融入评价、培训制度、监督制度、促进手段等进行系统的规划。以融入效果为核心，明确每一项内容的具体事项，并且不断地更新和完善。不对融合工作进行整体设计，仅依靠偶尔的要求和倡导，间断性的融入无法形成一股合力，难以推动融入的顺利进行，还会形成教育资源的极大浪费。

三、教师层面原因

（一）教师培训制度尚未健全

在高等院校教师的培养上，很少有教师受过专门的中国传统文化系统知识的培训。当下教师的培训体系中，中国传统文化教育是缺乏的。当下教师培养有着明确的目标，即重视教师对专业知识的学习和教育教学综合能力的提高，而相对忽视了人文素质的培养。从教师的知识结构来看，教师的知识结构包括学科专业知识、教育教学知识和心理学知识。当下教师培训主要是围绕教师的学科教学能力、教育学和心理学知识进行的，有关中国传统文化教育的培训相对欠缺。

（二）教师主动性不强

从教师自身的主动性上分析，一些教师对自己的职业定位更趋向于教育教学，没有充分发挥开发教学资源的主动性，而教师作为教学资源开发的主力军，能够根据教学实践和反馈有针对性地选择教学资源。在传统的资源观念中，中国传统文化资源的开发被认为仅仅是专家的事情，也就是说，教师普遍没有意识到用于德育的中国传统文化资源开发的前提性条件是开发者自觉主动地开发。同时，中国传统文化专业教师的培养没有得到充分的重视，教师的中国传统文化素质参差不齐，直接影响着中国传统文化德育资源开发的质量。另外，对隐性的中国传统文化资源开发力度不大，更谈不上在德育的过程中创造性地继承中国传统文化和创造性地改造中国传统文化。

四、学生层面原因

(一) 大学生对人文素养认知不充分

社会发展快，就业形势严峻，无形中加大了对应用型人才的需求。这也导致了一些大学生学习只以就业为导向，把有限的精力投入专业的学习和吸收中去。长期以来，社会和家长把考试成绩作为评判大学生能力和学校教学质量的唯一标准。这种错误的认识局限了大学生的认知，让大学生偏重专业技能而忽略人文素养。

在人文课程的选修上，有些大学生是为了学分而来，而少有将这类知识与自身的生活、情趣、境界及未来联系上的。但事实是，对人的一生而言，最重要的不是成绩，而是健全的人格。身心健康才应是被重视的重要选项。高等教育不可背离大学生的身心发展轨道。此外，在大学里，人才培育计划要按照大学生将来的整体的持续的发展来制订。在大学生的成长过程中，这个计划是根据实际情况来持续修正、制订的。无论从内容、课程还是方法上，都要以人为本，适应大学生的生涯规划，适时更迭。以此为基，再来考虑适应市场。

目前，一些高校在对大学生的培养上，呈现出目标单一的趋势，部分大学生思想深度不够，社会适应能力差，更没有明确的自我规划。这部分"天之骄子"或缺乏吃苦耐劳的精神，做事半途而废；或自我意识过强，没有公众意识，缺乏社会责任感；或缺少对中国传统文化的学习，没有将其内化。这些问题导致他们不能很好地被社会接纳。

(二) 互联网时代大学生受多元文化的影响较大

新冠肺炎疫情的暴发再次使互联网的作用得以凸显，网络成为高校德育教育的主阵地，在推崇中国传统文化的同时也有形形色色的多元文化和外来文化向内输入，乐于接受新鲜事物的大学生很容易受到影响。

1. 互联网准入门槛低和监管欠缺

起初，互联网强大的包容性催生了很多新鲜元素，形形色色的直播平台和小视频软件快速更新着素材，但随着文化与市场经济的不断碰撞，社会上一部分人抓住互联网准入门槛低的特点通过传播低级文化的方式获取实际利益，使中国传统文化的发展陷入"瓶颈"。

现在，互联网事业发展得如火如荼，但监管手段和监管效力的步调却未能趋同一致。针对当下现象能发现我国互联网在监管协同配合上做的还不到位，处理问题的周期偏长，与舆论发酵的速度和影响成反比，如若不能从源头做好管控，那么中国传统文化的发展会受到一定程度的影响。

2. 中国传统文化在互联网平台活跃度较低

互联网发展的成熟已经使其成为开展教育的主要载体，但在中国传统文化融入互联网的过程中还存在诸多问题。比如，应用商城中的商品琳琅满目，涉及中国传统文化的商品少之又少，并且存在下载量点击量不理想的现象；一些具有教育意义的综艺节目存在度和宣传度不高；某些软件弹出的广告海报等界面都被当红流量明星以及营利性广告占据。大学生群体的思想容易受到外在环境的影响，如果能够充分利用大学生在上网过程中的碎片时间，增强中国传统文化的亲和力和吸引力，势必会起到事半功倍的效果。

3. 多元文化的涌入影响着中国传统文化的发展

我国的传统文化受到多方挑战。人们的意识会随着物质生产的改变而改变。如今，大数据背景下多元文化的涌入与外来文化的交错映入了大学生群体的视野，在一定程度上对大学生的意识层面有所影响，间接导致本民族文化的认同感和归属感有所削弱。

第三章 中国传统文化与高校德育教育融合的
原则和维度

　　高校德育建设是中国传统文化传承的载体和思想文化创新的重要源泉，当代高校肩负着文化传承的重要使命，也应当为推动社会主义先进文化建设、推动文明进步等方面做出积极贡献。本章分为中国传统文化与高校德育教育融合的基本原则、中国传统文化与高校德育教育融合的四个维度两部分，主要包括中国传统文化与时代精神相结合原则、中国传统文化与行为规范相结合原则、中国传统文化与道德舆情相结合原则、中国传统文化与典型示范相结合原则等内容。

第一节 中国传统文化与高校德育教育融合的基本原则

一、中国传统文化与时代精神相结合原则

（一）时代精神的概念

　　时代精神，依据字面简单分析，中心词是"精神"，"时代"是修饰限定成分。要准确理解时代精神的内涵，首先需要分别把握"精神"和"时代"的含义。
　　我们常说的"精神"，大致可以分为传统语境中的"精神"和哲学语境中的"精神"两种意义。在中国传统语境中，"精"最基本的意思，一是指"舂过的上等白米"，如《庄子·人世间》"鼓荚播精"，司马彪注"鼓，簸也，小箕曰筴，简米曰精"，二是指"物的纯质"，如酒精、香精。"神"最基本的意思一是指"神话传说中的人物，有超人的能力"，二是指"神气"。

　　"精""神"两字合在一起，一是指人的神志、心神，如楚辞名家宋玉在《神女赋》"精神恍忽，若有所喜，纷纷扰扰，未知何意"；二是指人表现出来的精力、活力，如唐朝诗人李郢《上裴晋公》"四朝忧国鬓如丝，龙马精神海鹤姿"；三是指内容实质，如传达会议精神。在英语中，精神有 spirit、mind、soul、mentality、essence 等不同的词汇，德文 geist 也译作精神。总的来讲，西语中的"精神"与中国传统语境中的"精神"，基本一致。哲学语境中的"精神"有特殊的含义。一是与"物质"相对应的哲学范畴，是与"意识"意义相同的概念，主要包括思维、意志、情感等有意识的心理世界，也包括其他无意识的心理倾向。二是指"纯质"意义上的"精神"，即某种事物或现象中最核心、最本质、堪为灵魂的部分，我们常说的民族精神、时代精神、大学精神等，就是这个层面的意思。

　　时代是一个时间概念，根据《辞海》的解释，一是指历史上依据经济、政治、文化等状况来划分的社会发展的某个阶段，如帝国主义时代；二是指个人生命的某个发展阶段，如青年时代；三是指时世，如《宋书》中"三国鼎峙，历晋至宋，时代移改"。在英文中，time，age，period，era，epoch 等都有时代之意，都表示一定长度的时间单元，如 information era（信息时代），Youth is the golden time in one's life.（青年时代是人一生中的黄金时代），等等。

　　时代精神的内涵，分别保持了"精神"与"时代"的原有意义，可以大致理解为这两个词义的合成。但是，不同的学者在定义时代精神时，强调的侧重点不一样，给出的定义略有差异。

　　李秀林教授将时代精神高度概括为"人心之所向"，即"大势之所趋"在人们主观世界中的反映就是时代精神。中共中央党校前常务副校长何毅亭教授提出，时代精神是"大多数社会成员认同、追求、信守的思想观念、价值理念、道德规范和行为方式"，它反映时代潮流，代表社会进步发展方向，是社会最新的精神气质和精神风貌的综合体现。根据《辞海》的解释，时代精神是"体现于社会精神生活中的一定历史时代的客观本质及其发展趋势"，是"反映该时代的主要内容、主要方向和主要特点的阶级思想"。

　　学术界在定义时代精神时，强调的侧重点各不一样，给出的定义或描述不尽相同，各有优缺点。尽管理解不尽一致，但在以下三点上相对统一：第一，它是一定时代发展趋势与发展潮流的体现和反映；第二，它是人们思想意识和精神风貌中最积极、最精华的那一部分；第三，它具有激励民族进步、推动社会发展的积极功能。

（二）时代精神的内涵

最早对时代精神进行细致阐述的是德国的哲学家黑格尔。他在《哲学史讲演录》这一著作的绪论中就对时代精神进行了论述。他认为，所谓时代精神，是一定时代的政治、法制、宗教、艺术、哲学的共同根源，是贯穿于所有各个文化部门的特定的本质或性格。而在马克思看来，黑格尔对于时代精神的论述存在一定的片面性，他曾指出时代精神的概念，不是在每个时代中寻找某种范畴，而是始终站在现实历史的基础上，不是从观念出发来解释实践，而是从物质实践出发来解释观念的东西。马克思还从历史唯物主义的角度出发，认为时代精神源于社会实践。全部社会生活在本质上是实践。任何一个国家在特定的历史时期总会形成各具特色的时代精神，不同时期的时代精神又会指导国家的前进方向。鲜明的时代精神在不同的时期为国家、为社会、为人民打造别具一格的时代特色。

综上所述，时代精神凝聚了不同时期通过实践而获得的优秀成果，并将其以特定的形式展现在人民群众的面前，发挥着时代精神特有的引导作用，不断推动社会的发展进步。对于时代精神内涵的概括不仅要注重所处的特定历史阶段，而且还要特别强调通过实践产生的积极思想观念和优秀行为方式。所以，可以对时代精神做如下界定，"时代精神是一个社会最新的创造性实践中激发出来的，反映社会进步的发展方向、引领时代进步潮流、为社会成员普遍认同和接受的思想观念、价值取向、道德规范和行为方式，是一个社会最新的精神气质、精神风貌和社会时尚的综合体现"。大学生时代精神是指大学生在特定的社会的背景下，通过长期的学习和领悟而形成的主流理论观念、道德规范以及正确的行为准则。

在当代社会，以改革创新为核心的与时俱进、勇于创新、艰苦奋斗、求真务实的时代精神逐渐成为当代社会的主流思想。不同于原有的封建时期的社会关系改良，在新时代改革被赋予了新的内涵，更加注重的是从政治、经济、文化等多个角度改变旧的、原有的生产关系和上层建筑使其适应生产力和经济基础，从而推动社会的进步。

（三）时代精神的特征

目前，全球都处在不断发展变革的状态，整个世界呈现多极化，经济呈现全球化，全球因为互联网的发展紧密联系在一起，导致文化也呈多元化态势。但总归和平与发展还是当前全世界人民的共同心愿和追求。我们党和中央所弘扬的时代精神都是最切合时代发展的，也是全体劳动人民达成一致且在不断践行的心愿和目标，它包含以下几个基本特征。

1. 时代性

时代精神在社会发展过程中具有很大的意义，它代表了不同历史阶段的不同精神面貌。所以，它代表了各个历史时期的特点。每个历史阶段都有独特的时代精神，这集中展示了不同历史阶段下的发展方向和人民需求。它具有动态性，在不同的历史时期，有着不同的体现。时代精神取决于历史条件，它在每个历史时期都代表了独属于那个时期的社会风貌和发展特点。在战争时期，当时的时代精神要求全体人民团结一心、众志成城，不怕流血和牺牲。到社会主义建设阶段，则变成了积极进取、吃苦耐劳、为社会发展尽最大的力量。改革开放以来，又变成了实事求是、开拓进取、勇攀高峰等。如今，我们站在中国特色社会主义进入新时代的关键时期，不忘初心，牢记使命，勇于变革、勇于创新是符合时代要求的时代精神。

2. 人民性

时代精神的人民性揭示，广大劳动人民经过长时间的历史发展和演变过程，渐渐发展出被大多数人所接受的一种精神风貌，劳动人民才是推动历史不断前进的根本动力，他们的劳动是丰富的物质文化和精神文化产生的必要条件，时代精神就提炼自这些文化中，所以，它也是被广大劳动者所接受的。它的人民性主要体现在以下三个方面：首先，它是由广大劳动者在日常生活中积累出来的；其次，只有获得广大劳动者的支持，它的传递和弘扬才能顺利进行；最后，它对客观世界的反作用需要靠劳动者的实践作为桥梁。

3. 先进性

时代精神是能够为时代进步、社会发展提供精神动力的各种价值取向和智力支持。一方面，时代精神可以有效帮助推动时代发展和社会完善。它为广大劳动人民提供了思想方面的引导和帮助。时代精神的先进性符合了广大劳动人民对精神领域的需求，为了保持先进性，时代精神需要不断的自我创新和完善。另一方面，对于其超前性，也能够在相关指导思想中找到理论支持。国家领导人通过社会主义核心价值观的提出对我国发展的核心进行了展现，社会主义核心价值观是我党理论创新和文化自信取得重大进展的体现，社会主义核心价值观体现了时代性，也从侧面反映了时代精神不容置疑的先进性。

4. 动态性

时代精神具有动态性，在各个不同的历史时期，有着不同的体现，并且在历史长河中不断得到修正。伴随着时代的发展和前进，它也得到了进一步的创新和完善，在不同的历史时期，有着不同的表现形式。党中央领导全体劳动人民推动社会的发展、改革和完善，并且还要按照历史的特性和人们的需求，以核心价值观作为向导，以开拓进取、勇攀高峰的姿态，为每个阶段，创造独具特色的时代精神。

中华人民共和国成立初期积极推崇的时代精神主要有：集体利益高于个人利益、为人民服务的精神，积极开拓、锐意进取的精神，坚韧不拔、默默奉献的精神，科技报国、开拓创新的精神等。

到了 20 世纪 70 年代末，改革开放以来的时代精神主要有：创新推动发展的精神，先富带动后富的精神，众志成城万众一心的精神，体育强国、为国争光的精神等。

每个历史时期都有其特定的精神品质，他们各具特色，但都成为广大人民群众推动社会发展的精神动力。这充分表明，时代精神的动态性，动态的时代精神，更加全面地促进了劳动人民对社会的推动。

5. 民族性

不同民族的时代精神发展形成于不同的民族性和文化性中，恰恰是因为民族和文化的区别，赋予了时代精神区域性。在相同的历史条件下，各个地区的文化最终产生的时代精神各具特色。时代精神往往会受到不同地区文化条件的引导，在经历了历史长河的洗礼之后，一个民族的风骨不断传承和酝酿，这个民族的时代精神变得愈加清晰和坚定。

目前，全球范围内越来越多民族之间产生了交流和互相融合，这些交流和融合为时代精神注入了新的力量，在碰撞和对比中更加提升了时代精神的民族特色。许多相关专家和学者表明，在各个文化之间的交流过程中，才愈加能体现一个民族文化的特性，能意识到民族文化的重要。恰恰是全球不同民族之间的时代精神各具特色，互相借鉴和促进，才创造出了异彩纷呈的世界文化。

（四）中国传统文化与时代精神的结合

要使中国传统文化与高校德育有机结合，在具体的操作中就不能闭门造车，一定要与当下社会主义新时期的时代精神相结合。教育作为一种有目的、有计划、有组织地对受教育者的心智发展进行教化的过程，其开展肯定不能脱离也无法脱离时代，所以，时代精神也会贯穿于教育的整个过程，只有两者高度统一结合才能使其与高校德育有机的结合。在我国，任何层次的教育工作都要以社会主义核心价值观作为重要的出发点，并在教育的过程中采取科学的方式，紧紧抓住时代精神，弘扬社会主义核心价值体系。坚持中国传统文化从小教育的理念，把每个时代的时代精神融入中国传统文化教育理念中，这样有助于学生理解和记忆。

二、中国传统文化与行为规范相结合原则

（一）行为规范的概念

行为规范，一般指在日常生活和工作中用来协调人们言行的社会基本规范、法律规定的总和，是经过制度化的管理规定。行为规范同时还包含一些未成文的、但是对人们的行为具有较大约束力的规则、组织、治理结构等方面的内容。

从总体上说，社会行为规范具有两个最基本的层次：一是依靠国家制定的法律、法规和制度等所体现出来的行为规范，这种规范对全社会成员都具有严格的强制约束力，同时也是维护统治阶级经济、政治利益的工具，是社会上层建筑的体现和反映，同时也包括一些机构和部门自行制定的制度规范；二是人们在社会现实生活中为了维护特定范围和群体的活动秩序，自觉制定或自发形成的一些规章、准则、风俗、习惯、规矩性的约束，也就是人们平常所说的社会公共道德、社会伦理规范，因为人们在社会中都承担着特定的社会角色，以此为基础，这些行为规范虽然不具备法律效力，但是，对人们的社会行为所引起的约束效果也不亚于法律的效力，因为这些规范在调节人和人之间、人和社会之间的关系时具有深远的影响。

事实上，在现实社会中，上述法律、制度和风俗、习惯、社会公共道德等行为规范共同形成了对人们的约束，使人和人之间、人和社会之间甚至是人和自然之间紧密而又有机地联系在一起，使权力大小不同、地位高低不同和富贵贫贱不一的人都能遵守相应的行为规范。可以想象，如果没有这些行为规范的约束，社会将很难维持稳定的秩序。

同时，人类自身能够不断地认识和揭示人和社会、自然的多种多样的联系，而且能够根据不同的条件和联系制定或形成新的行为规范，用以调节和完善在个人和社会、个人与和他人之间所产生的新的矛盾，起到促进人类社会发展的作用。随着社会生产力的更新和发展，社会生活也越来越呈现出多样化的趋势，人类的活动形式不断增加，活动范围也随之而不断扩大，相应地，行为规范也在不断地更新和扩展。可以说，在当代文明社会里，需要人们遵守的行为规范比以前任何时代都要多得多，因为随着现代化程度的提高，对人们行为规范的要求也会越来越高，这也是人类社会得以不断向前进步的结果和体现。

(二) 大学生行为现有的规范

大学生是社会成员中的重要组成部分，所以，适用于社会大众的法律、制度和风俗、习惯、社会公共道德等行为规范同样也适用于大学生群体。同时，大学生也是一个相对特殊的群体，因此他们还需要一些专门性的行为规范和标准。

对于大学生行为规范，同样也有广义的概念和狭义的概念，广义的概念与一般意义上的行为规范没有实质性的差别。而狭义的概念一般是指用来指导或约束大学生个人、集体的行为，调节大学生个体之间、大学生团体之间、大学生与社会之间关系的管理规定或制度。

这种管理规定或制度，从大的方面来说，我国教育部曾经在 1990 年、2005 年分别颁发过《普通高等学校学生管理规定》《高等学校学生行为准则》，成为我国高校大学生普遍的行为规范指导性文件。另外，具体到不同的高校，都分别在国家文件的基础上，结合本学校自身的办学方向和特色，制定了更加具体和更具有适用性的学生行为规范手册或文件，用以指导学生在校学习、生活、科研、娱乐等各方面的活动。

事实上，这些大学生行为规范，同样也属于社会规范的一种，这些规范和社会规范一起为大学生提供了衡量、把握个人行为的尺度和约束，同时，也给高校的管理提供了法律或制度上的依据。从这个角度上说，高校大学生行为规范是否科学和适用，是否能够与时俱进，直接影响高校的教学管理，同时也影响着高校大学生的发展和成才。

应该说，我国当前的大学生行为规范在整体上看还是适用的，但是，也不难看出，当前的在校大学生主要是由"00 后"年轻人组成，他们除了具有大学生的普遍特点外，与以前的大学生相比，还具有明显的不同之处。目前高校的管理规范难免会出现不能有效约束学生行为的情况。这主要是因为时代的发展速度加快，在原来时代的基础上所制定的行为规范，虽然符合那个时代的思想和行为要求，可是，在新的时代条件下，一些原有的思想、习惯很快被新的一代所舍弃，同时也出现了一些较新的思想、行为，被"00 后"大学生争相效仿，如果再用原来的行为管理规范去判断他们的思想和行为，往往就会被打上"越轨"的标签。

在这种情况下，我们就有必要及时、准确地分析"00 后"大学生的时代特点，把握他们的行为趋向，恰当地运用行为心理学等方面的理论，正确引导和教育"00 后"大学生，使他们能够在学到知识和技能的同时，在思想、道德和行为等各方面都能够健康成长，早日成为国家的合格人才。

（三）中国传统文化与行为规范的结合

中国文化博大精深，五千年的历史不是一朝一夕能够讲述完的。同时，沉淀在历史中的传统文化与行为规范也成就了儒家、道家、法家等学派和孔子、孟子、庄子、韩非子等一批代表人物，还有《论语》《孟子》《道德经》《庄子》等经典著作。行为规范与中国传统文化相结合的典范是成书于清康熙年间的《弟子规》。这是一本启蒙养正、教育弟子长幼有序、尊师重道的最佳读物，其中如"长者立，幼勿坐。长者坐，命乃坐""步从容，立端正。揖深圆，拜恭敬""唯德学，唯才艺。不如人，当自砺"等内容至今对人们的行为规范仍有重要的作用。《弟子规》虽然只有 1080 个字，却包含了家庭礼仪教育、个人礼仪教育、求学教育等方方面面。因此，中国传统文化要想融入高校德育就需要与行为规范相结合。

三、中国传统文化与道德舆情相结合原则

（一）舆情的概念

关于舆情，据历史文献考证，"舆情"一词最早出现在《旧唐书》中。唐昭宗在乾宁四年（897 年）的一封诏书中称："朕采于群议，询彼舆情，有冀小康，遂登大用。"此后，"舆情"一词在我国历史文献中出现的频率逐渐增加。在《四库全书》中，"舆情"一词共出现一千一百余次，分散在经、史、子、集各部中。同时，在各类词典中也对"舆情"一词进行了诠释。舆情在《辞源》（修订本）中，被解释为"民众的意愿"；在《现代汉语词典》（第 5 版）中则被解释为"公众的意见和态度"；在《新华字典》中被解释为"群众的态度和意见"。可见，词典将舆情理解为人们的意愿、意见和态度。但这样的解释过于简单、浅显，不能真正概括出舆情的特征与本质。

对于舆情的内涵，国内的学者们有着不同的解析和认识。综合多位学者关于"舆情"的定义，结合个人的理解，给出"舆情"界定，即舆情是指在一定的社会现实环境中，大多数人民群众对待社会事务和问题所表达出的情绪、思想、观点、意见的总和，是广大人民群众满足自身利益需要的一种诉求和表达的集中体现。

同时，在现实的工作中，我们对舆情概念的理解，更需要从以下两个层面去领会和把握：一是舆情是民众意愿之所在。民众意愿既是舆情研究的出发点，也是舆情研究的落脚点。二是舆情所反映的民众意愿，是代表着绝大

多数人民群众的根本利益，是关乎国家稳定、社会和谐的意愿，而非所有的意愿。

（二）舆情的影响

不可否认，随着互联网传送技术日趋完善，它已成为社会主体掌握信息、传递诉求、表达情感的重要载体和平台。人们通过网络载体可以自由表达情感和心理需要，阐述自己对当前社会焦点问题与现象的看法。可以说，网络已成为舆情的前沿阵地，网络舆情代表着社情民意，代表着人们的呼声与希望；同时，网络也是一个国家执政者了解民情、听取民情、体察民意的汇集地，网络舆情是政府机构履行社会管理职能的重要依据。因此，舆情对国家、社会、公民等几个层面都产生了重要影响。

但我们也应清醒地认识到，每个事物都有两面性，舆情有其积极的一面，也有其不可忽视的负面影响。舆情的非理性化、网络谣言和虚假消息的散布都在不同程度上对人们的主流价值观产生了影响，容易引发群体性事件。在这种情况下，面对复杂多变的舆情，我们需要正确辨别网络舆情，了解网民的思想动态，把握舆情的影响，维护正常社会秩序和社会稳定。

（三）中国传统文化与道德舆情的结合

在一些大学生的心目中，中国传统文化在现当代是"复古"的，没有吸引力的文化。但实际上，一旦与道德舆情相结合，中国传统文化将会有意想不到的效果。例如某媒体报道，中国某大学生游览法国埃菲尔铁塔时，在塔身留下"到此一游"的文字。这既是道德问题也是教育问题。不尊重传统文化和历史的人是没有信仰和畏惧的人。只有在社会舆论的压力下，国人才能明白和感受到舆论带来的压力，才能清楚地认识到中国传统文化与道德舆情相结合的必要性与紧迫性。

四、中国传统文化与典型示范相结合原则

（一）典型示范的概念

典型示范，是指通过具有典型、榜样意义的人或事（正面的、先进的抑或反面的、落后的人或事）的示范引导、警示警戒作用，教育人们提高思想认识、规范自身行为的方法。典型教育也叫示范教育，典型教育法是将抽象的说理教育变成通过活生生的典型人物或事件来进行教育，从而激发起人们思想情

感的共鸣，引导人们学习、对照和仿效。典型示范法有示范、形象以及感染等特点，也有激励、导向和引导的功能，相对于一般的教育来说，更富有感染性和可接受性。从唯物辩证法的角度来看，这一理论是根据事物发展不平衡的一般规律提出来的。正如所有事物样，人也不例外，思想觉悟有高有低，并不相同；一切典型都是共性与个性的对立统一，先进典型就包含了普遍的个性，体现了社会发展的正确方向和一般规律，所以我们在进行德育教育工作时，要发现、树立、宣传和推广先进典型，同时也要帮助后进典型，使其转化为先进典型。好典型、好榜样对广大群众是非常现实的引导者，是激励、鞭策人们努力进取的直接动力。所谓的榜样教育法，就是指是在典型教育中利用正面典型进行德育教育的一种方法，所以它是包含在典型教育法的定义中的。例如，有的学者认为榜样教育法即"是指通过典型人物或事迹进行示范教育，提高人们思想认识的一种方法"。教育者宣传个人或者集体的好人好事，鼓励大家向他们学习和效仿。所以榜样示范教育就是要以先进典型为榜样，以其先进的思想、模范的行为等来教育人们，以此来提高受教育者的思想认识和思想觉悟并且能够形成优良品德的一种重要方法。典型是一种无声的力量，具有巨大的影响力，正面的典型能够激励人们更好的发展，而反面的典型能够警醒人们，督促他们进行反思，帮助他们养成良好的行为习惯，形成高尚的道德品质。

（二）典型示范的作用

典型示范是一种以典型的人或事为例，以教育人的方式，把抽象的道理转化为生动的人物和事件，以引起人们的思想和情绪的共鸣，起到引导政治方向、约束规范行为、激发精神动力、塑造个人人格的作用。

1. 引领政治方向

先进典型具有普遍的共性，是事物发展的正确方向和总的法则。先进典型的先进思想和行动，是高尚精神的具体表现，是符合社会需要的准则。先进典型引导人民群众的思想和行动，使他们按照社会发展的需要，不断地提升他们的思想、政治、道德、品德，使他们树立正确的政治取向。

2. 约束规范行为

典范能给人们带来行动上的模仿。典范是一个人（或团体）的行动转变成另一个人（或团体）的行动的一个过程，它不但可以鼓励他人模仿，还可以为解决问题提供一种可利用的方法，这种方法在以后逐渐流行起来，并成为一种习惯。因此，可以通过典型示范，引导人们认识和认同社会准则，让他们的行为符合某种社会准则，同时通过对符合社会准则的行为进行肯定、褒奖，从而达到对人的行为的约束和规范。

3. 激发精神动力

激励是用各种外在的刺激来激发人们的动力。先进典型的先进思想和模范事迹，是一种高尚精神的具体表现，是文明建设的推动力。模范人物的先进事迹或英雄事迹，由于其具体的表现形式，容易被人们所接受和模仿，因而极具感染力，并能起到积极的激励效果。同时，模范所表现出来的先进思想，都是深入到具体的事件之中，容易被人学习、理解，具有很强的说服力。典型示范的激励作用主要表现在：发挥模范的先锋作用，激发人民的积极性、主动性和创造性。

4. 塑造个体人格

典型示范的主要作用是对个人人格的塑造，使其具有高尚的精神状态和健康的心理素质，从而适应社会的发展。通过典型的展示，可以更好地引导人们认识到自己是物质世界的主体，也就是物质的创造者，改造世界是人类的历史任务，是人类的社会责任。通过榜样的学习，培养学生的自觉性、自我改造的能力等方面。

（三）中国传统文化与典型示范的结合

将中国传统文化与典型示范相结合的原则，是新时代德育工作中一个行之有效的方法。在新形势下，发挥典型的示范作用在高校德育中的重要作用，积极开发典型示范的辐射功能，有利于创造良好的校园文化氛围，激发师生积极参与到中国传统文化与高校德育相结合的工作中来。挖掘历史名人事迹，树立优秀中国传统文化典范，将优秀中国传统文化与典型示范相结合，真正发挥典型示范的辐射作用。

五、中国传统文化与大学生兴趣相结合原则

（一）兴趣的概念

20 世纪 80 年代以来，西方出现了三种不同的兴趣概念，即个人兴趣、情境兴趣和作为一种心理状态的兴趣。海蒂和贝尔德把兴趣分为个人兴趣和情境兴趣，个人兴趣主要是指受到个体价值观影响的，并与特定主题相联系的指向于内部的兴趣形式。它主要是以个体已经存在的知识、个体的经验以及情感为基础的。情境兴趣是受到环境特征影响的，与特定的上下文密切相关的短暂

的认知状态。它主要是受到刺激物特征的影响，那些具有连贯性、生动性、鲜明性特征的事物易于引发个体情境兴趣。近年来也有学者把兴趣理解为一种心理状态，认为兴趣是个体的个人兴趣与有趣的环境特征相互作用而产生的心理状态。

我国学者在定义兴趣时，一般有三种倾向。

①兴趣是由个体的需要引起的对事物进行探究的心理倾向。如朱智贤在《心理学》大词典中将兴趣定义为"力求认识、探索某种事物的心理倾向，由获得这方面的知识在情绪体验上得到满足而产生，它与需要相联系。"

②兴趣是个体活动的内在动机。如李洪玉认为"兴趣是一种带有情绪色彩的认识倾向，它以认识和探索某种事物的需要为基础，是推动人们认识事物、探索真理的一种重要动机，是学生学习活动中最活跃的因素。"

③兴趣是人类的一种基本情绪。如孟昭兰指出，"兴趣是先天性情绪，人可以在没有任何生理需要的情况下去活动；情绪是感情的状态，而且处于动机的最深水平，它可以驱使人去行动。"

近年来，也有学者试图从新的视角出发，对以上三种理论进行整合。如章凯从自组织理论出发，对兴趣的本质做出了新的解释，试图统一以上关于兴趣的三个方面的认识。他认为，个体在与环境相互作用中渴求并获得信息，以促进心理目标形成、演化和发展的心理过程即兴趣。兴趣在信息获得过程中，产生于心理目标的激活及其变化发展，并且由于心理目标对心理过程的引导作用，兴趣反过来又作用于认知过程，组织信息加工，以利进一步获得所需要的信息，将心理目标所包含的运动或状态展开为现实。兴趣作为动机，其动力来源于心理目标的激活或形成；兴趣作为一种基本情绪，则产生于信息建构过程中心理目标的变化。

综合国内外对于兴趣概念的界定，研究者倾向于将学习兴趣理解为一心理状态，认为学习兴趣是在个体的主观状态与环境特征相互作用下而产生的心理状态。

(二) 兴趣与学习的关系

学习不是一件轻而易举的事情，要花费大量的脑力和一定的体力。很难想象一个对某门学科毫无兴趣的人，能在这门学科的学习上付出很多努力，即使被迫付出了，效果也不会很好。人们还发现凡是学生考试取得好成绩的学科，都是因为他们对这门学科有强烈的兴趣。因此，兴趣是最好的"老师"，是人们积极探索事物的一种稳定持久的内动力。它能激起大脑的兴奋状态，使人长期学习而不易疲劳，也能最大限度地提高学习效率。学生在学习的过程中常会遇到这样和那样的困难，如果对学习不感兴趣，意志又不坚强，就会打退堂鼓。兴趣如同化学反应的催化剂，能促使人集中精力，克服困难，积极主动地不断探索，不断进取，不断取得好成绩。

学生要从各方面努力提高学习的兴趣，有了学习的积极性，自然就会获得良好的学习效果。

（三）中国传统文化与大学生兴趣的结合

中国传统文化在高校中的传播与推广总是"三分钟热度"，这一问题最直接的原因在于没有很好地和大学生的兴趣相结合。要把中国传统文化融入高校德育，高校学生就成了受众群体，也成了最重要的了解对象。所以，我们应该把大学生的兴趣与中国传统文化相结合。例如，大学生追"清宫剧"，那就可以围绕清朝的历史文化把当时优秀的传统习俗与现代生活相结合，推出一个校园版的"清宫剧"，既有趣味性又有针对性。学生们既了解了"清宫剧"中独特的语言表达、行为习惯、传统习俗和历史文化，又对比了现代生活的飞速发展和科技创新。从对比中找相同，从相同中看不同。

第二节　中国传统文化与高校德育教育融合的四个维度

将我国传统文化融入高校德育时应改变以往将德育政治化的做法，这已经不适应现代社会的发展需求了。从当前实际情况看，高校德育应该更具体、更贴近大学生的生活，德育的发展方向应涉及社会、家庭、职业、个人，以满足大学生在个人发展和道德追求上的需求。

一、将"天人合一"融入生态德育之中

（一）"天人合一"理念概述

1."天人合一"理念的内容

博大精深、源远流长的中国传统文化，从有技艺到思想，再到从有思想到精神，这是一个由浅至深的过程。

基于中国古代社会长期以农业为中心的特点，关于历史、空间、宇宙等的思考长期以来构成了中国人思想的基础。由此衍生出的星占历算学、医疗方剂学等，长期成为古代中国人民把握自然世界、整顿人间秩序、洞察人类自身

的普遍性知识，而正是在这些知识内容中产生了数术、礼乐等学问，产生了阴阳、黄老、儒学等思想。

在中华民族悠久的文化发展历史中，中国古代人类在自然科学和社会科学的各个方面都取得了巨大的成就，为世界的文明发展做出了较大的贡献。若要简而概之中国传统文化和精神，则必然要抓住其文化的特殊精髓所在，但此绝非易事。

"必不得已而姑言之，则中国文化之特殊，或在其偏重于道德精神一端。"此道德精神之论是钱穆老先生在总结关于春秋时代精神的表述。钱老谓之的"道德精神"与之后来出现的"天人合一"理念有共同之处。"既非偏信仰的宗教，亦非偏思辨的哲学，复非偏方法证验的科学"。这些表述，只是在表达这种精神是一种人生行为之实践，而其内在精神，有内发，非外发，其中最重要的特征就是自求一人内心之所安，不偏倾一边，不走向极端。

在中国古代思想史上，"天人合一"思想的出现，是在春秋战国时期由于急剧的社会变革和封建制度的建立，使思想界出现了"诸侯异政，百家异说"的活跃局面而诞生的。老子、庄子、墨子、孔子、荀子等，诸多学者纷纷著书立说，在碰撞、争议、讨论、吸纳中形成了"天人合一"的初步学说。"天人合一"理念作为中国传统哲学文化的基本命题和基本精神，不管是儒家学说，还是道家学说，都在以其独特的表达方式去理解和推崇"天人合一"的思想。

2. "天人合一"理念的价值

经济的快速增长给社会带来了飞速的发展，同时也带来了本土文化的繁荣和兴盛。在经济全球化的进程中，各种文化也有融合的倾向，其中慢慢出现的语言单一现象引起了人们的思考。那么如何融合和吸收地域性、民族性的传统文化精髓，把中国传统文化元素融入现代文化中，已经成为文化发展所面对的重大课题。

马尔库赛在《单向度的人》一书中尖锐地指出，在当代发达的工业社会里，由于科学技术的高度发展和生活水平的提高，人在技术的控制和物欲的操纵下，变的只有物质追求而没有精神追求的"单向度的人"。这个定义折射出的深层含义是，在现代社会中，社会经济发展的目标和追求更倾向于满足"物质追求的人"和其所要追求的"物质形态的标准化"，缺乏情感的交流与表达。对于这种现象，研究"天人合一"理念的影响和作用是至关重要的。原因有以下两点。

首先，中国的"天人合一"理念强调吸收、借鉴、发展和创新，吸收先进文化的养分、借鉴先人的理念、结合当时当地的环境因素等各方面因素，重新把认识自身和认识世界紧密联系在一起，进而人们可以尽快地适应生活环境。

其次，"天人合一"理念对于现在过度膨胀的物质欲望有一定的制衡作用，强调人与自然的和谐相处。近些年来，全球面临着能源短缺、环境污染、生态破坏等共同的问题，这些问题的出现都与人类过度膨胀的物质欲望有很大的关系。"天人合一"理念就此问题提出了一列的解决方法，如绿色发展、可持续发展、可循环发展等，都是强调对自然的保护、尊重和重新认识自然的重要性与迫切性。

（二）生态德育理念概述

1. 生态德育的概念

生态德育概念在我国学术界提出的时间不长，最早是国内学者鲁洁于1994年在《教育研究与实验》上发表了《试述德育的自然性功能》一文。文中指出，长期以来，人们总是把德育的功能局限于人与人关系的协调方面，片面地认为，通过德育，使受教育者所形成的只限于那些调节人与人、人与社会关系的思想与品质。但20世纪六七十年代以来，由于技术革命的发展，人征服自然的能力大大扩展，随之出现的是人口、能源、环境等生态性危机，地球维持人类生存的能量相应地大大下降，人类面临极其深刻的生存危机。要解决人类所共同面临的生存危机，一方面要依靠生态学等自然科学，以加深对自然规律系统的、全面的认识；另一方面，还必须依靠道德以合理调节人与自然的关系，有意识地控制人对自然的盲目行为。因此，学校德育必须扩展其功能领域，重视其自然性功能的发挥，以培养和塑造具有"完善伦理"的下一代。这篇文章虽然没有直接提到生态德育，但可以说是生态德育概念的最初雏形。

1998年，刘惊铎、王磊在《教育评论》上发表了《生态德育及其跨世纪意义》一文。文中第一次提出了生态德育的概念，并对生态德育的概念进行了界定，指出"生态德育，不是生态伦理学，也不是生态道德，而是一种生态教育活动，一种新德育观。它是指教育者从人与自然相互依存、和睦相处的生态道德观点出发，引导受教育者为了人类的长远利益和更好地享用自然、享用生活，自觉养成爱护自然环境和生态系统的生态保护意识、思想觉悟和相应的道德文明行为习惯。它要在受教育者的思想上树立一种崭新的人生观、自然观和生存发展观，并合理调节人与自然的关系，有意识地控制人对自然的盲目行为。"自此以后，学界关于生态德育的概念基本都是遵循这个思路来进行探讨。

本文基本支持刘惊铎和王磊两人提出的生态德育观点，但同时认为，上述将生态德育仅仅界定为一种新德育观的论述，还不够，必须指出，这种新德育观是相对于自工业社会以来的传统德育而言。如果一概论之，认为生态德育就是与以往传统德育相对的，那么如中国古代所倡导的"天人合一"思想中就包含着非常丰富的生态伦理教育思想，还有西方工业社会之前也不乏包含有生态伦理思想教育的内容就容易被忽略。因此，不能不加限定。

基于此，生态德育，既不是生态伦理学，也不是生态道德，而是一种实践教育活动，是一种相对于自工业社会以来的传统德育而言的新德育观，它要使受教育者从人与自然相互依存、和睦相处的生态道德观点出发，引导受教育者为了人类的长远利益和更好地享用自然、享用生活，自觉养成爱护自然环境和生态系统的生态保护意识、思想觉悟和相应的道德文明行为习惯。

2. 生态德育的内涵

基于上述对生态德育概念的界定，概括出生态德育的内涵包含以下三点。

第一，生态德育是一种生态教育活动。生态德育是根据生态道德原则和生态道德规范，有组织、有计划地向社会成员施与影响，把生态价值准则灌输或诱导进社会成员内心，使之转化为个人内在道德的一种教育行为，生态德育就其实质而言，更侧重于探讨和研究生态道德建设的方式、方法和路径选择。

第二，生态德育赋予德育以新的使命。生态德育是在传统的人际德育的基础上，把长期以来形成的道德原则和道德规范从社会领域扩展到自然领域，指导人们科学认识人与自然的关系，以及人在生态系统中的正确位置。生态德育旨在通过一系列实实在在的教育活动，以生态伦理为学理依据，运用新的"生态道德规范"，诱发和唤醒受教育者的生态意识、生态智慧和生态能力。生态德育的终极目的就是寻求一种合适的关系模式，实现人类与自然和谐共济的道德目标。

第三，生态德育是一种体验性、实践性很强的教育活动。"自然之境中的道德体验有助于生成人们的生态意识、生态能力和生态智慧。"生态问题是人类社会生产和生活实践中产生的问题，对生态问题的认识、了解和掌握，必须到社会实践中去才有可能。

"生态德育"命题的提出、理论研究和实践探索既是道德伦理面对人与自然关系的种种挑战而从内部产生的志趣转向，也是对我们传统的知性论德育范式的重新审视和冷静反思做出的必然选择。由于生态是一个不断演进的运动过程，仅凭理智是无法把握生态、生命的真谛的，只有引领人们回归生活世界，回归自然之境，参与且融入一定的生态实践活动，才能使受教育者获得更多的生态体验和感受，培养他们对自然的善意、尊重和敬畏，打通人与自然的情感通道，激发他们对自然的情感认同。

（三）天人合一理念与生态德育的融合

高校德育要求学生能正确认识"人—社会—自然"之间和谐共处的关系，因此德育内容体系的构建应包括人与自然、人与社会两方面的内容。

1. 优化德育自然生态，关注自然与人的和谐共处

在中国历史上"天人合一"的学说影响很大，"天人合一"思想受到大家重视也是由于生态环境的恶化让人类对生态和物种的关注提到了前所未有的高度。1992 年全球 1575 名顶尖科学家联合发表了《世界科学家对人类的警告》，文章开头就说"人类和自然正走上一条相互抵触的道路"。造成这种情况不能说与西方哲学曾长期存在"天人二分"的思想没有关系。高校的生态德育关注大学生的生态道德，在对其生态道德养成的过程中应遵守德育规律，这样才能达到预定的目标。首先，更新生态道德意识。其次，加强生态知识教育。要求大学生了解生态平衡的利益关系，明白生态道德的好恶标准，具有生态认知力。最后，牢记生态道德法规。生态法制教育可以增强大学生的守法意识，要求大学生熟识有关生态的法律法规。

2. 优化德育社会生态，关注人与社会的和谐共处

社会生态与学校德育有着紧密的联系，社会生态是大学生成长的舞台。只有优质的社会生态才会有优质的社会教育。德育工作者在德育实践中要用开放、民主的心态来整合各种优秀的社会德育资源，并将这些资源运用在课堂中，让社会信息与学校信息双向流动，使德育理论得到活学活用。

二、将诚信勤学融入专业德育之中

（一）诚信勤学概述

诚信，就是诚实而有信用，也是忠诚信义的概括。《论语·泰伯》子曰："狂而不直，侗而不愿，悾悾而不信，吾不知之矣。"孔子认为人不应该貌似诚恳而无信用。孟子说："君子不亮，恶乎执？"君子不讲诚信，又如何保持操守？《荀子·修身》中指出："体恭敬而心忠信，术礼义而情爱人，横行天下，虽困四夷，人莫不贵。"荀子认为外貌恭敬而内心忠诚信实，遵从礼数情义并性情仁爱之人，也会受到敬重。《庄子·渔父》中指出："真者，精诚之至也。不精不诚，不能动人。故强哭者虽悲不哀，强怒者虽严不威，强亲者虽笑不和。真悲无声而哀，真怒未发而威，真亲未笑而和。真在内者，神动于外，是所以贵真也。"庄子认为不精不诚不能感动他人，真就是精诚所至金石

为开的极点。《大学》"物格而后知至，知至而后意诚"，大学明晰获得知识的方法——格物致知，通过对万事万物的认知获得知识，意志才能真诚。传统诚信美德强调君子诚信品德思想的同时，也提出达到诚信的具体方法、路径，系统的诚信观指明了诚信论的价值指向，将诚信深深植根于中华传统美德的土壤中。

新时代的"勤学"就是要求青年要立志求学，即求真学问、树立远大理想、坚定理想信念。青年要勤于求知、勤于思考，将所学知识内化于心，外化于行，紧跟时代步伐，时刻关注时事政治，提高政治敏感度。习近平总书记十分重视青年理想信念的培养，指出"理想指引人生方向，信念决定事业成败"。青年一代必须要有远大的理想和坚定的信念才能拥有丰富的精神世界和充实的生活，才能拥有多彩的人生。有什么样的思想就会有什么样的外化行为，青年一代要增强责任担当意识，自觉担当中华民族复兴的历史责任。

（二）专业德育的研究

众多学者强烈关注当前高校中非德育学科专业课教学活动中出现的德育缺失现象，并进一步指出专业课教学活动中德育缺失产生的不良后果，从而提出在专业课教学中弥补德育缺失的种种设想。

有学者认为，从微观角度看，专业教学过程中必须进行德育渗透是教学过程各因素自身规律的要求。教学不仅是专业知识和专业技能的传递，而且还包括对社会准则、伦理道德、价值观念、专业方法论等多方面的传递和培养。教师这一职业性质的基本要求和教师个体应具备的基本能力，即教书与育人。同时，我国教育方针、目标和社会发展现实要求我们的培养德智体美全面发展的社会主义建设者和接班人，其中德育处于核心的地位。从宏观上看，专业教学过程中必须进行德育渗透是高校文化建设地位的要求，也是顺应时代发展、社会发展的要求。作为未来社会的主体，教育者在教学中不仅要能够顺利实现专业知识和专业技能的传递，而且需要对大学生高尚道德和健全心理的发展进行促进与调和。专业教学过程中的德育渗透具有不可忽视的地位和意义。其进展的好坏，将影响中国的教育现状和未来，影响中国社会道德的现状和未来。

很多学者撰写文章提出在专业课教学中开展德育教育，不但是必要的，而且是完全可行的。原因一是把教书和育人结合起来，是教育的本质和目的决定的。原因二是各学科专业课都有进行德育渗透的优势和有利条件，并在文中提出专业课教学中开展德育教育的具体方法。此外，还有王政在《专业课教学中进行思想政治教育的可行性》一文中分析认为对专业课教学中进行思想政治教育还存在两大误区，应该结合专业特点走出误区。深入挖掘教材内容，促进"教书"与"育人"的有机结合。

苗国强撰写的《高校专业课教学中开展思想政治教育存在的问题及对策》一文中分析专业课教学中开展思想政治教育存在的主要问题是当前专业课教师对思想政治教育工作重要性的认识不足，并且专业课教师的素质尚不能胜任，以及领导重视不够、措施不力，缺乏制约管理机制，使得高校教学考核与评价标准阻碍了专业课教师积极性的发挥。因此，文中提出了相应的对策分析，认为必须加紧建立完善强有力的保障机制。文章强调唯有制度，才能从根本上解决以上问题。

在《高校德育渗透到各学科专业教学过程探讨》中谭世信等人首先分析高校学科专业德育渗透的共同点和不同特点，指出高校各学科专业都有对学生进行德育渗透的优势，而且各学科专业教师都有教书育人的义务。同时指出目前学科专业德育工作存在的主要问题，并提出加快德育渗透各学科专业的实施途径。德育渗透各学科专业教学过程的重点在于渗透，关键在于教师，基础在于课程改革，最后要创新考核、管理等制约机制，保障德育渗透各学科专业教学过程的实现。

曹自立的《高校专业课教学中教书育人的原则》及谢海钧的《试论高校专业课教学中的德育渗透问题》等文章中都强调专业课教学中德育渗透要把握好"点""时""度"。专业课教学中的德育渗透必须坚持科学的指导方针，找准最佳结合点，把握好恰当的时机，掌握好适当的分寸，这样才能做到事半功倍，发挥德育渗透的有效性。

（三）诚信勤学与专业德育的融合

德育教育是一个终身性的教育，高校德育的范围也不仅限于思政课的课堂上，而且还应该渗透到大学生所学的专业课程中，因为大学所学的专业很有可能成为学生日后所从事的职业或领域，加强专业德育有利于培养出兼具专业能力和高尚品格的学子。在专业德育中主要包括两个方面的内容：专业课渗透教育和职业诚信教育。

1. 专业课渗透教育

不论是人文精神较强的专业还是技术性较强的专业，高校专业课程都是德育渗透教育的最佳载体。在学科专业德育中，教师应该将德育内容和具体科学问题结合起来，通过设立道德情景将本专业可能遇到的道德问题提出来与同学一起参与话题讨论。在对医学专业、遗传专业的学生进行专业教育时，要加强伦理教育，要让学生明白自己专业的性质和意义还有其伦理影响；在对计算机专业的学生进行专业教育时，不仅要让学生了解自己所学专业的历史发展及技术前景，更要让学生明白计算机技术在社会流通领域所带来的影响；在对生物、化工专业的学生进行专业教育时，要融入生态德育的教育理念，我国在生物、化工领域取得的进展并不只为了要改造自然，还为了使人类进一步融入自然、保护自然。专业课德育渗透教育要注重因材施教的德育方法，在指导学生用道德眼光审视专业时，应根据每个学生道德认知能力的高低进行指导。高等教育作为知识传播的一个重要途径，对我国的发展做出了巨大贡献，我国的专业人才更离不开高等教育，学科专业的德育渗透教育是不可小觑的。

2. 职业诚信教育

中国传统文化对诚实守信的道德品质十分看重，"人无信不立"，没有诚信无法在职场上立言，更没法在社会上立身，这表明了职业诚信教育在高校德育体系中举足轻重的地位。因此，加强职业诚信教育，我们要做到以下两点。首先，加强校园职业诚信宣传。在校园文化环境建设中要突出职业诚信教育，以广播、视频、宣传画等多媒体形式宣传职业诚信正能量，这样的校园文化氛围能在潜意识中帮助学生养成诚信理念。其次，发挥实践活动的诚信教育功能。将诚信意识贯穿于实践活动中，通过学生的参与强化他们的诚信认知。实践活动主要有诚信讲座、诚信班会、诚信签名活动、诚信征文大赛、诚信辩论大赛、"校园十佳诚信之星"等，各种各样的活动不仅丰富了大学生的生活，更丰富了学生对诚信的认识。

三、将忠孝文化融入感恩德育之中

（一）忠孝文化概述

1. 忠孝文化的内涵

梁漱溟把"乡村"看作一个价值的共同体或生活世界，费孝通以"乡土"来强调和突显传统的中国传统文化强调农耕文明的特点。可以说传统的乡村文化必然要以农耕文明为物质基础。而无论是农耕文化还是文化层面的伦理本位都与忠孝文化密切相关。

中华文化历史悠久，孝文化亦是源远流长，有着丰富的内涵。《孝经·开宗明义》篇中就讲："夫孝，德之本也。"《说文解字·老部》释曰："孝，善事父母者。从老省，从子。子承老也。""孝"字的汉字构成，上为老、下为子，意思是子能承其两亲，并能顺其意，是一个亲子关系之中的子女规范。《论语·学而》中孔子说到"入则孝，出则悌，谨而信，泛爱众，而亲仁，行有余力，则以学文"。

用历史的眼光来看，孝文化来源于人类社会整个文明的发展之初。其理念系统的正式形成大多认为是在周代初始，"周礼"制度的出现促使孝成为宗亲等级制度的一部分，构成了那个时代家国同构的局势。孝文化的理念完善于"慎终追远"，成熟于以孔子为代表的儒家学派提出的以"亲亲"率"尊尊"，最后演变为一种政治化的"以孝治天下"。都说"百善孝为先，万恶淫为源。常存仁孝心，则天下凡不可为者，皆不忍为。"这也是出自清代著作《围炉夜话》中家喻户晓的名言。孝道从最初宗法理念中的一部分，到最终与守礼节相互结合，成为一种民众的孝道，影响着中华儿女。

纵观历朝历代，孝的精神实质就是敬与忠。忠孝文化是中国社会文化中很独特的一种心理与行为现象，是中华民族的文化原点。从某种程度上说，中国文化就是孝的文化，建设中国特色社会主义文化有必要对中国传统孝文化进行历史的考量，在正本清源的基础上进行解构和重建。

2. 忠孝文化的文化要素

有学者从忠孝文化的历史文化内涵演变和文化发展过程的研究中分析了其主要的文化组成要素，主要包括物质文化要素和非物质文化要素两个方面。我国传统的孝文化是在农耕文明的基础上形成的，乡村的空间肌理、遗存的宗庙祠堂是孝文化的承载空间。而忠孝文化本身作为重要的非物质文化遗产，又包含了多层的文化内涵。

3. 忠孝文化的地位与价值

一个民族的血脉就是它的文化，人民的精神在文化中扎根。中国传统文化的一大重点内容就是以忠孝文化为核心的道德追求。它承接了中华上下五千年的历史，被历朝历代的君王与先哲作为治理国家的根本。它作为一个综合的历史范畴，已经不仅仅是道德领域的一个准则，而已经渗透到了政治、艺术、民俗等领域当中。

忠孝文化作为传统道德伦理的基本内涵，是中华精神的重要一脉，为现今的和谐社会建设提供了历史的基础。在当代的中国特色社会主义建设过程中，忠孝文化的建构也对中国社会发展起着重要的作用。

（二）感恩德育模式

德育模式是指在一定德育思想、德育理论指导下，在丰富的德育实践基础上，为完成特定德育目标和德育任务所形成的稳定而简明的德育结构理论框架，以及可具体操作的德育实践活动程序和方式。我国现有德育模式主要分为主知型模式、主情型模式、主行型模式。主知型模式包括传递—接收模式、道德认知发展模式、价值澄清模式等，主情型模式主要包括体谅模式、情感体验模式等，主行型模式包括社会行动模式和自我控制模式等。也有学者将我国近年来的主要德育模式分为欣赏型德育模式、学会关心型德育模式、对话型德育模式、活动道德型教育模式、生活型德育模式和主体德育模式。还有学者从具体的德育教学形式出发，提出了德育教学 e 模式、社团模式等。现代德育模式多引入人本思想和交往理论，注重"理解"与"尊重"，关注人的思想特点及心理发展需要，重视个体道德能力的培养。

感恩教育正契合了现代德育模式的发展趋势，是构建现代德育模式的良好切入点和着力点。作为大学生德育的重要内容之一，感恩教育是大学生德育工作中不可回避的主题。它可以拓宽人的思想和行为系统，构建持久的个人资源，促使个体做出亲社会行为，而它的人本性、情感性、实践性和生活性导向，也给大学生德育工作带来了新的启示，促进了德育工作理念的现代转变及德育工作方法的有效改进。正是基于感恩教育的特征、现实意义及其对德育工作的启示和作用，感恩德育模式，旨在以"感恩"的思维构建现代德育模式，强化德育实效。

感恩德育模式是一种以情为主的德育模式，它以"培养知恩、感恩、报恩、施恩的人"为德育目标，以感恩教育为德育的重要内容，借鉴、利用感恩教育的方式方法，在德育中注入"感恩"理念，着重调动个体的感恩情愫，从而激发个体责任意识、奉献意识，促进德性的完善。

英国古典经济学家亚当·斯密曾说过，推动我们去报答的最迅捷和最直接的情感，就是感恩。感恩是对施惠者做出友善行为的主要激发因素之一，是个体主动尊重他人、理解他人、感念他人、回报奉献他人的一种自愿自觉、无法强制压迫的情绪，它最能激发人与人之间互亲互爱、融洽相处的情感。感恩德育模式改变被动的"传递与接收""灌输知识"等模式，超越体谅和关怀的德育理念，打破传统理性、责任、规范的德育模式，更多关注人的自然道德情感及人与人之间和谐关系的建立。这种模式的构建，有利于教育者与受教育者之间良性互动关系的建立以及受教育者主体能动性的发挥与德育路径的优化，对于增强德育实效具有重要意义。

（三）忠孝文化与感恩德育的融合

在高校德育中，感恩教育对于大学生来说是最具情感煽动性的教育，对大学生提升自身、维系他人、回馈社会都具有十分重大的意义，实施感恩德育的主要内容为：感恩情感培育和感恩行为实践。

1. 培育大学生的感恩之心

培育感恩之心要以孝敬父母为基础，因为孝乃百恩之源，一个对养育自己的父母都没有孝敬之心的人难以对他人、对社会存在回馈之心。

首先，要教育大学生应听从父母教导，尊重父母劳动。由攀比所引起的不恰当消费是对父母财富的一种浪费，懒惰、不思进取、荒废学业甚至走入犯罪的深渊会使父母之心受到伤害。这要求德育工作者积极引导大学生对自己的学业和行为抱有强烈的责任意识，用良好的道德行为回报父母。

其次，提醒大学生不要忽视对父母精神状态的关注。这就要求德育工作者多鼓励学生主动与父母进行交流，将感恩的心付诸行动。

再次，鼓励学生多和身边的师长、朋友进行交流。悉心引导学生明白如果离开了身边人的帮助，一切知识、经验乃至成功的获得都会更加艰难。

最后，向学生树立感恩的社会榜样与典型。让学生明白社会各行各业的人建设祖国的热情，让学生下定承担建设祖国的责任的决心，为国家的强盛发愤图强。感恩是亲情、友情、爱情的重要基础，是一种期望报答的美好情绪。当学生具备感恩之心时，便会感觉自己时常沐浴在恩惠之中，不论恩惠的多与少，大学生都会产生一种回报恩惠的冲动。

2. 将感恩之心转化为报恩行为

有了感恩之心则能更好地将情感转化为感恩的行为，以诚挚的行动予以回报是感恩过程中最具实际意义的一部分。

一方面，要将感恩教育落实到大学生的社会实践中。高校应该与社会联合，多与社会用人单位、慈善机构联合，为学生的感恩实践提供一个平台，并在学生岗位实习工作结束后让用人机构对学生给予一定的反馈，学生与单位的双向交流会使学生意识到自己对工作的奉献并不是自己的负担而是对社会的回报。

另一方面，鼓励学生将感恩题材进行文艺创作，让学生将自己身边的感恩榜样人物写成剧本排成短片、话剧、小品等多种文艺形式，用学生自己的素材和作品在学生自己的圈子里传播，这样更容易深入学生的心里也更具有说服力。通过以上途径让学生懂得感恩、实施感恩还是不够的，德育工作者还要加强他们的文化素养和道德自律，这样才能让学生的道德境界得到更大升华。

四、将人格修养融入幸福德育之中

（一）中国传统文化中的人格修养

1. 正心之为源

儒家文化典籍《大学》中提出"格物、致知、诚意、正心、修身、齐家、治国、平天下"八大条目。其中，"正心""修身"列于八大条目的中心位置，同其前后的几大条目环环相扣，互为因果。而这八大条目之间的关系实又可划分为三个层次，依次为"正心"同"格物、致知、诚意"的关系，"正心"同"修身"的关系，"修身"同"齐家、治国、平天下"的关系。前三环条目欲达到的目标在于"正心"，而实现后三环条目的基础则在于"修身"。

因此，"正心"和"修身"是完成从"格物"到"平天下"人生发展链条的关键环节。这也意味着正确处理"正心"和"修身"之间的关系对于融通八大条目，进而保证人的发展连续性、完整性以及实现个人发展终极目标而言具有重要意义。"欲修其身者，先正其心。""正心"是"修身"的前提条件，若要"修身"，"正心"先行。"心正而后身正，身正而后左右正，左右正而后朝廷正，朝廷正而后国家正，国家正而后天下正。"只有心性端正了，"修身"才有正道可循，个人才能正向发展和完善自身，继而成为符合国家、社会发展需要的合格人才。这是修身的本末次序，"其本乱而末治者，否矣"。错乱了应有的次序，修身必定有所欠缺，心性不端正的前提下，人格亦难以健全和完善。"知所先后，则近道矣。"遵循本末次序，把握人格发展的客观规律，才能够达到"明明德""亲民""止于至善"的境界。因此，"正心"是人格修养的重要内容之一，理想人格塑造必须建立在心性端正的基础之上。

关于"正心"，《大学》中给出了明确释义，"所谓修身在正其心者，身有所忿懥，则不得其正；有所恐惧，则不得其正；有所好乐，则不得其正；有所忧患，则不得其正。心不在焉，视而不见，听而不闻，食而不知其味。此谓修身在正其心。"由此可以得知，人心在忿懥、恐惧、好乐、忧患等内在不良因素的影响下则不会端正。心性不端正的情况下，人势必会受到心中邪念杂想、不良情绪、贪欲等干扰从而导致修身无法顺利进行。心性修养强调人心要专注于正道，因为"正心"指向的是人格修养的内在方面，不仅包括个体内部的心理活动，还包括其思想观念、价值取向等，因而"正心"是个体对自身主观世界的一种改造，个体可以通过改造主观世界的方式达到纯洁心境的目的，且改造结果的好坏不仅直接决定着个体的外在行为表现，还会影响其整体的发展状况。

由此可见，"正心"在"修身"中的重要作用。需要指出的是，端正心性还须运用正确的方式、方法才能达到心性纯良的目标。个体心性本身易受到很多不良因素的干扰，有发生偏执和心性失常的可能。何以"正心"？"意诚而后心正。"所谓"意诚"强调内心怀有正确的信仰。信仰属于潜意识的范畴，它支配着人心，只有忠诚于正确的信仰，才能避免心性迷失，才能消除杂念、邪念和不合理的欲望，使个人专注于自己分内之事，并自觉回归正途。

"正心"处于人格修养最深层次的内核部分，主导着人格发展的根本方向，其本质是一种积极、健康的社会化体验过程。人格修养发乎于心，由内向外得以展现。它是修身之发源，心正方能传达正能量，行动时方能彰显浩然正气；心不正，动机不纯，邪念环生，势必行为不端。因此，心性端正是高尚人格特质塑造之始。

2. 笃志之为本

在中国传统文化中，个人志向问题也是古代思想家们深入探讨的重点，志向是个人对自身前途和未来的一种规划，是一个人对自身发展深度和广度的思考，本质上属于个人"修身"的范畴。中国传统文化尤其是儒家文化尤为重视人生志向的确立，而儒家所倡导的"立志"以"仁"为核心，体现为对仁义道德的一种坚持和追求，赋予"志"以仁爱内涵，认为基于仁爱和道义之上的"志"才是崇高的，才得以顺乎社会发展的需要。所谓心怀远大抱负，强调个人应当志存高远，其"志"不仅在于修身，而且还在于齐家、治国、平天下。它要求个人在发展和完善自身的过程中，自觉将个人理想同家国理想统一起来，义不容辞承担起家庭幸福、社会和谐和国家长治久安的责任。因而，此种意义上的"志"具有鲜明的人文关怀意味和家国情怀色彩。"仁者爱人"，心存"仁爱"是一种内在修养，这种内在修养逐步向外拓展延伸，而后推己及人，则可发展为关爱他人、社会、国家以至天下的"仁道"。"志在仁道"正是"志存高远"的集中表达，个人理想需心怀家国社稷，唯有如此，才能建立所谓的大同社会。从这个意义上进行推导，"立志"所涉及的是人格修养的根本性问题，"立志"之本质就在于明确和强调个人修身的目的性和意识性。

志是一种精神因素，是理想目标的感召力和实现目标的意志力的统一，对人的行为有重要推动作用。如何使所立之志成为一种持久的精神动力，关键在于"笃志"。"笃志"是保证"立志"最终达成"完志"的必由之路。"笃志"出自《论语》，"博学而笃志，切问而近思，仁在其中矣"。其中，"志"为"意志""志向"，也就是个人的理想信念。而"笃"则为坚定不移，"笃志"意即坚定理想信念，强调个人对理想信念的坚守。人生志向确立之后，还需要对所立志向坚定不移，这是"笃志"之要义所在。若所立之志经常变化，则难以达到既定目标，也表明个体心智尚未成熟，人格未完善，修养不够高。因而，"笃志"是保证修身目标实现之根本。一个人之所以能实现成人成材的目标，"笃志"是根本的推动力量。

在实现理想的道路上，一帆风顺的时候要抓住机会，遇到风雨逆流的时候要有信心和勇气去克服困难和挫折，畏缩是懦弱的表现，而能乘风破浪则是真正的强者。唯有始终坚守理想，不论在什么环境下，都能保持内心的意志，才是一种高尚的品格修养。

3. 崇德之为形

中国传统社会是一个讲究伦理，崇尚道德的社会，伦理道德在人们的社会生活中发挥着十分重要的作用，它不仅规范着个人的言行举止，而且还具有维系社会秩序的功能。正是"德"之重要，因而成为历代统治者实施教化之首要推崇对象，"崇德"也因此成为中国传统社会风尚的标志性特征和古代民众自我修养的主体形态。诸如尊崇"孝道""忠义"等皆是"崇德"之具体体现，"德"也成为中国传统社会民众最基本的精神需要。而这种"尚德之风""崇德之态"自形成以来便长期存在于中国民众的社会生活中，客观上铸就了中国传统美德，更推动了伟大民族精神的传承与发展。在中国传统文化中，怀德之人即是人格修养的典范，对社会道德的遵守被认定为个人人格修养的必要要素，对社会道德尤其是传统美德的追求和景仰也成为广大仁人志士修身的重要方面。

儒家文化尤其关注人格修养的道德维度。关于"崇德"，《论语》中是这样论述的，"主忠信，徙义，崇德也"。孔子认为：以忠诚信实为主，遵从仁义，即是崇德。在这里，忠厚、诚信、仁义等都属于个人道德范畴，儒家文化将这些道德品质看作是个人尤其是君子、圣贤努力追求和达到的修养目标。其中，"仁"是儒家道德体系的核心，对"仁"的崇尚应成为社会道德建设的主题，提倡个人应向"仁"靠拢，从"仁"而行，人格修养之道在于仁道，以仁道为基本立足点，进一步衍生出其他道德品质范畴，诸如诚信、正义、包容、友善等皆是仁道的具体体现。这些道德品质铸就传统社会的伦理道德体制，对于和谐传统社会的人伦关系，维护当时社会的稳定具有一定积极意义。

4. 弘毅之为道

在儒家文化中，人格修养不仅在于"志"之始末，还存在于"立志"至"完志"的过程中。确立志向是理想追求之始，实现志向是理想追求之终极目标，如何保证"立志"最终走向"完志"是解决"志"之实现的根本。实现理想抱负的过程道阻且长，很多人中途就不堪忍受长途跋涉之艰，或舍弃，或转行他道，结果注定离期望目标渐而远之。由此可得，所立之志圆满之道在于怀有坚持不懈的品质，意即"弘毅"。

因此，"弘毅"也被归为人格修养的重要内容。"士不可以不弘毅，任重而道远。"对于君子而言，其肩负的责任、使命重而深远，践行的路程长且艰辛，只有怀着宽广的胸襟和远大的抱负，才能容纳路途中苦难、挫折的存在，才能运用坚强的毅力应对挑战、磨砺。理想实现的程度同毅力的强弱大小密切相关，一个人要想有所建树，培养自身坚强的毅力是必要条件。孟子言："故天将降大任于是人也，必先苦其心志，劳其筋骨，饿其体肤，空乏其身，行拂乱其所为，所以动心忍性，曾益其所不能。"凡能担当大任者势必要经历一番艰难困苦，遭受很多挫折、障碍，面临诱惑的侵扰，并在此过程中锤炼出坚强的毅力。拥有坚强毅力的人不畏惧任何苦难，相反，苦难只会促发其更坚强的斗志和信念，磨炼出个体更为强大的对抗力量以冲破重重艰难险阻。"锲而舍之，朽木不折；锲而不舍，金石可镂。"毅力是一个人身上非常宝贵的品质，它是一种气质的彰显，更是一种强大的精神动力，支撑着个体去解决前进途中的每一道坎坷，完成每一项任务，达成每一个愿望。毅力代表着一种坚定、坚持，坚定信仰，坚持所立志向，坚持理想信念，无论环境如何变化，条件如何艰苦，都能保持初衷。只有在疾风骤雨中屹立不倒，通过自身坚持不懈的努力而最终实现目标的人才真正具备毅力品质，才得以担当重任。

（二）幸福与德育的关系

幸福是人人都渴望的，幸福属情感世界。它是一种感觉，即人的一种满足感。它是一种素养，也是一种能力。不同的身份、不同的年龄、不同的环境的人对幸福的指数要求也就不一而足，苏霍姆林斯基曾经说过，教育的最高理想在于让所有的儿童都成为幸福的人。只有幸福的教育，才能打造幸福的人生。

池田大作作为日本教育家和社会活动家，出于对未来教育事业和人才培养高度负责的使命感和危机感，在谈到日本目前教育功利性越来越严重的现状，他感到忧心忡忡，主张教育要回归其本来面目。他和英国历史学家汤因比对话时指出，教育的根本课题是在于说明和回答人类应当怎样存在，人生应当怎样度过这些人类最重要的问题"。他认为教育必须超越功利主义视域，除了学习专业知识以外，更重要的是通过伦理、道德方面的教育，培养人的思想道德品质，提出德育要为人的幸福服务。在以往的德育过程中，教师往往注重对学生的知识培养，把学生的知识培育作为教育的唯一内容，而忽视了对学生本身的关注。池田大作说："现代教育陷入功利主义，这种风气带来两个弊病，一个是学问成了政治和经济的工具，失掉了应有的主动性，因而也失去了尊严性；另一个是认为只有实利的知识与技术才有价值，所以做这种学问研究的人都成了知识与技术的奴隶，因此产生的结果是人类尊严的丧失。"因此，他认为要把人作为教育的原点，教育活动要以人为本并围绕着人的发展来展开，并以人的发展为归宿，以实现人的幸福为教育的目的。池田大作的"幸福德育"理念的提出为解决现行道德困境提供了有益借鉴。他的"幸福德育"理念从以往只关心学生"智育"的培养，转为关注学生的心灵和幸福，在德育过程中回归人的本质，把幸福作为德育的落脚点，从而为解决现有的道德困境提供了有益借鉴。

幸福是人类生活普适而永恒的追求，追求幸福是推动个体与人类发展不竭的原动力。在现实生活中，幸福由于个体的差异而有着多样态的呈现，当然它是源于个体在不同际遇中的感受与体认，而这种感受与认知是千差万别的，因此需要使差异性的个体获得正确的幸福观，培养和提高受教育个体正确理解幸福、体验或享受幸福以及创造幸福的能力。幸福作为每一个主体的体验，这种体验是个体在物质和精神层面上所表现的特质，德育正是通过依据一定的道德标准来教育个体理解什么是符合社会要求的幸福体验，在德育过程中体验幸福和创造幸福。从中我们可以看出，德育对于个人幸福的实现具有重要作用，这表明幸福和德育是密不可分的，因此要正确理解幸福德育就要辩证地看待两者之间的关系，通过幸福理念深化德育方式，在德育中注重幸福的培养。

（三）人格修养与幸福德育的融合

道德可以对人的不良行为进行克制，但道德带来的不仅是克制，而且还有社会和个体内心的良好秩序。在高校中许多学生对待德育课程总抱有一种很低的期望和兴趣，认为德育课程十分枯燥无聊，所以在德育工作的改革中应该提倡"幸福德育"的理念，并将我国优秀传统文化融入幸福德育之中。幸福德育主要包括两个方面的内容：完善自我人格与克服过分欲望。

1. 完善自我人格

幸福德育的宗旨是奉献社会与关注自我幸福共存。我国传统文化中"内圣外王"的理想人格与现代德育有异曲同工之妙，都要求个体实现内心与外在两个维度的共同发展，因为完善的自我人格既能很好地适应社会，也能很好地满足自我道德的发展，使大学生获得更强烈的幸福感。

第一，完善自我人格要注重实践。先秦儒家几乎很少解释圣贤的含义，而侧重教导人如何成为圣贤，他们主张修心，修炼道德精神，将所学所悟运用于现实世界，其中就要多运用"反求诸己"的德育方法，多思考多反省，这样才能不断完善自我。

第二，完善自我人格要重视德育的路径。中国传统文化中"内圣外王"的理想人格重视"由内而外"的进行修养，在现代德育工作中则需要德育工作者引导学生不断自我完善，先完善精神再追求物质。

2. 克服过分欲望

我国经济的飞速发展，物质生活水平的极大提高是有目共睹的，大学校园虽是象牙塔，但与社会有着千丝万缕的联系。不良风气使大学生将个人的满足感、幸福感寄托在物质的丰富上，一旦金钱、物质上无法满足则没了寄托，丢了幸福感。

因此，在高校德育中要尤其强调"勤俭""自持"的优良传统。第一，要树立榜样。在学生群体中选择一个恰当的学生榜样，并正确宣传榜样，同时教育者也要言行一致，对自己严格要求，有了教师带头，学生才会更好地践行榜样精神。第二，要践行节俭。多开展以"节俭"为主题的实践活动，如组织学生进行社会调查，分析当地社会各个阶层的收入和消费情况，指导学生了解按劳分配的实际意义，并理解人们为什么要储蓄，从而使学生切身感受到勤劳能够致富，节俭能够生财，工作中既能奉献社会，自己也得到了应得的财富。

第四章 中国传统文化与高校德育教育融合的价值

高校是弘扬中国传统文化的重要场所，把中国传统文化融入高校德育，充分挖掘中国传统文化中的德育资源，通过教育教学有效地提高大学生对中国传统文化的认知和认同，深入探讨与研究中国传统文化在当代大学生德育中的作用和价值非常必要。本章分为中国传统文化与高校德育教育融合的必要性，中国传统文化与高校德育教育融合的可行性，中国传统文化与高校德育教育融合的现实价值三个部分。主要包括中国传统文化与高校德育教育融合的时代需要、文化需要、社会需要、教育需要等的必要性，以"育人"为核心的价值目标、以爱国主义为核心的精神内涵等中国传统文化与高校德育教育融合的可行性，中国传统文化与高校德育教育融合的时代价值和应用价值等内容。

第一节 中国传统文化与高校德育教育融合的必要性

一、时代需要

事物的发展道路是曲折的，要对与时代发展不一致的事物进行辩证的否定，既要保持事物的本质，又要通过创造、创新来保持事物的活力，中国传统文化要与时俱进，中国传统文化与高校德育教育融合，不仅仅是单纯地加入和参与，而是要通过创新，使之成为适应时代发展、适应当代大学生特征、为社会大众所接受的一种文化。只有这样，中国的传统文化才能在校园里生根发芽，以它在思想、行为方式、道德修养上的正面影响造福于学生。

党的十九大把中国特色社会主义建设推向了一个新的阶段。中国的经济和社会随着国际形势的发展而发生了巨大的变化。当今中国正处于不可逆的经济全球化时期，随着经济全球化的不断深化，世界各国在经济全球化的各个方面都面临着挑战。互联网、大数据、人工智能等的迅猛发展，正逐步取代传统的经济，成为全球经济发展的新驱动力，推动新一轮的技术和工业革命。在新时代这个新的历史交汇点上，面对着国内外严峻的发展局势，如何在经济全球化时代抵御文化入侵，如何在互联网大数据时代海量信息中增强辨别问题的能力，都是中国所面临的新时代课题。在各国文化交流日益频繁的今天，我们面临的文化安全问题日益突出。在道德教育中引入中国传统文化，可以让大学生了解我们国家的历史，丰富他们的文化知识，同时也可以让我们认识我们的民族文化，从而提高我们的民族自信心。通过这种方式，可以使大学生在国际交流的过程中，充分展示中国优秀的精神面貌，从而拓大我们的文化影响力。

中国传统文化是中国人从古到今的价值观和精神力量，在新的历史时期仍然具有重要的影响。在新的国际和国内发展情况下，深入了解和发掘中国传统文化是当务之急。加速中国传统文化的创新与转换，使其在当代的价值得以实现，这对于对抗互联网大数据时代多元思想的消极作用是十分有益的。高校德育教育能够提高大学生的人文修养，还能够提高大学生的道德修养，这样才能展示"00"后新一代大学生的精神面貌。在德育教育的课程内容中融入中国传统文化的当代转化，也能够充分展现中国传统文化的当代魅力，进一步增强大学生的文化自信，提升国家文化软实力，从而增强中国在国际上的影响力，这是中国传统文化与高校德育教育融合的时代需要。

二、文化需要

（一）"文化自觉"与"文化自信"的要求

所谓"文化自觉"，是指"生活在一定文化中的人对其文化有'自知之明'，明白它的来历、形成过程、所具有的特色和它发展的趋向，不带任何文化回归的意思，不是要复旧。同时，也不主张'全盘西化'或'坚守传统'"。换言之，即文化的自我觉醒、自我反省、自我创建。所谓"文化自信"，则是指一个国家、一个民族、一个政党，对其自身文化传统和内在价值的充分肯定，对其自身文化生命力的坚定信念。

世界上任何民族的传统文化都有其积极的方面，同样，也有其消极的方面。一个民族的文化能否实现自觉和自信，很大程度上取决于对传统文化扬弃的客观与科学态度。可以说，对传统文化的理性批判、合理继承、勇于创新，正是"文化自觉"的本质要求。也就是说，一个民族能否对其自身的传统文化进行客观的评价和认识，关系着一个民族"文化自觉"的实现与否。

中国传统文化是勤劳善良的中国人民在长达五千多年的中国社会发展中创

造出来且从未间断过的，这在世界文化中是独一无二的。它不仅标志着中华民族对人类文明和历史的卓越贡献，也是中华民族区别于世界上任何其他民族的鲜明文化身份和基本族群特征。只有认识、理解、接受并内化中国传统文化，我们才能理解自己民族深厚的历史底蕴，也才能知晓我们是从哪里来，并对我们现在的生活和未来的美好图景进行规划。

反之，如果失去对中国传统文化的认同与理解，我们必定会失去对自己民族文化身份的认同和归属感，进而导致我们思想文化上的无家可归。因此，对数千年来世代延传下来的中国传统文化能否进行客观的评价、认识和科学合理的扬弃，关系着中华民族"文化自觉"的真正实现与否。那种对中国传统文化全盘否定或异化的轻率态度与做法，无异于对我们自身文化血脉的莽撞割裂，很容易造成中华民族的文化断层或文化"无根"现象的产生。

当前，我国德育教育的重要任务之一就应该是在正确方向的指引下，按照"取其精华，去其糟粕"的原则，充分肯定中国文化传统的内在价值，坚定对中国传统文化的自信心，努力挖掘中国传统文化的当代价值，不断包容借鉴其他外来文化中的优秀精华，并将其吸收内化，使中国传统文化和高校德育教育优化整合，从而实现中国传统文化的现代转化和创新发展，进而真正实现"文化自觉"与"文化自信"。

（二）形成和发展文化软实力的基本保证

文化软实力是指一个民族、国家或地区的文化影响力、凝聚力和感召力，是国家软实力的核心因素。这是因为文化作为一个国家的灵魂和血脉，凝聚着这个民族对世界和生命的历史认知和现实感受，积淀着其最深层的精神追求和行为准则，并承载着整个民族自我认同的核心价值取向。就一个民族或国家自身的发展来说，文化软实力主要表现为一种精神上的整合力，它有利于国家凝聚力的形成和民族性格的养成，有利于促进民族团结、国家统一、政权巩固和文化自信。

一个国家如果对本民族或本国的传统文化缺乏自信，忽视自身文化软实力的开发和建设，那么，就等于放弃了本民族或本国的文化主权，其结果自然会导致本民族或本国人民价值取向的混乱，以及精神家园的丧失，甚至民族的离散和国家的分裂。因此，作为一个由56个民族组成的统一的多民族国家，加强对五千多年来绵延发展而从未中断过的中国传统文化软实力的开发和建设，充分发挥中国传统文化对全国各族人民的思想教育和价值引导作用就显得尤为重要。

中国传统文化和世界上其他民族的传统文化一样，是"植根于民族的土壤中，从总体上反映和代表着一个民族或社会的思维方式、价值观念、伦理道德，体现在人们的生活方式、风俗习惯、心理特征上，内化、积淀、渗透于每一代社会成员的内心深处，往往凝聚为民族特有的国民性格和社会心理"。作为一种注重道德教化的伦理型文化，中国传统文化自身就具有显而易见的能动的德育教育功能，而我国德育教育本身所具有的文化属性和民族属性，也使其无法离开五千多年来中国传统文化留下来的优秀精华。

因此，中国传统文化软实力要最终实现其对外的亲和力、渗透力，以及对内的凝聚力和塑造力，则必须通过思想教育和引导的方式来进行和完成，中国传统文化和德育教育的有机融合正是中国传统文化软实力得以形成和充分发展的基本保证。

（三）社会主义先进文化的必然要求

社会主义先进文化集中反映了历史潮流，体现着时代精神，代表人类文化的未来，是社会文明进步的重要航标。从文化价值观的角度看，社会主义先进文化的先进性表现为："代表了人们的最高精神需求；表达了时代的最新价值走向；融合了世界的多种文化精髓；凸现了独具的民族文化特色"。在当今中国特色社会主义建设的大背景下，社会主义先进文化指的是社会主义核心价值体系。其主要内容有：马克思主义指导思想、中国特色社会主义共同理想、以爱国主义为核心的民族精神和以改革创新为核心的时代精神、社会主义核心价值观，其中民族精神和时代精神是社会主义核心价值体系的精髓。

马克思主义认为，任何时代的社会意识，都和以前时代的社会意识有着联系，它的产生和发展都是以前人所积累的思想材料为前提的。一个民族的民族精神就具有这样的历史传承性，在继承和创新中适应着时代的需要，焕发出新的生命活力。

中国传统文化是发展社会主义核心价值体系的根基。社会主义核心价值体系正是植根于中国传统文化的沃土中，吸收了中国传统文化的合理成分，才逐渐形成和发展起来的。

因此，继承和发扬中国传统文化，既是中国特色社会主义现代化建设应有之义，又是中国特色社会主义现代化建设的客观要求。只有从中国传统文化中汲取力量和智慧，才能使中国特色社会主义文化根深叶茂、健康发展。否则，丢掉了自己民族的文化传统和民族精神，发展先进文化就成了无源之水、无本之木。

三、社会需要

建设文明和谐的社会，历来是我国社会治理的一个重要目的。在社会和经济快速发展的今天，人们的物质条件得到了极大改善，生活质量得到了极大提高，但是在精神层面上仍有所缺失。

社会主义核心价值观是对公民行为进行道德规范的重要制约。要对人民群众进行社会主义核心价值观的正确引导，在这个过程中，我们要向整个社会宣传中国的传统文化。几千年来，中国的风俗习惯、生活方式和思想道德观念都深深地影响着中国的传统。"德"是中国传统文化的重要组成部分。爱国主义、诚信、敬重英雄、敬老爱幼，这些都是中华优秀文化的精华，至今仍有其深刻的影响。可以说，"德"的根基是中国的传统文化。把中国传统文化与社会主义核心价值观、中国精神有机融合在一起，既能促进社会的文明和谐，又能在人际交往中建立起良好的道德标准，使人们的心灵得到充实，从而促进社会的良性发展。

中国特有的传统文化是建立在中国的文化背景和基本国情基础之上的，中国人的价值观念和思维模式都为中国梦的产生和实现提供了强大的智力支撑，而走中国特色社会主义道路的文化支撑则是中国独特的文化，这些强大的精神支撑都为中国梦的实现、中华民族的伟大复兴奠定了坚实的基础。

中华民族存在并发展千年而不朽依靠的正是自身传统文化中的精神力量。"常思奋不顾身，以殉国家之急"的家国情怀，"先天下之忧而忧，后天下之乐而乐"的忧患意识，"天下兴亡、匹夫有责"的担当精神等，构成了爱国主义的传统。"天行健，君子以自强不息"的进取意识，"苟日新，日日新，又日新"的创新精神，构成了时代精神。以上这些内容都是中国精神的集中体现。

核心价值观是一个民族在长期的发展过程中所形成、得到全体公民认同的统一的思想道德观念及价值观念，是民族生存发展的精神动力。今天我们倡导的社会主义核心价值观，也是在中国几千年的发展历程中形成的。弘扬优秀的中国传统文化，是实现中华民族伟大复兴、践行社会主义核心价值观的根本。中国传统文化是中国人民赖以生存发展的原动力，是我国文化软实力的集中体现，只有把中国传统文化与社会主义建设结合起来，才能充分发挥中国文化的强大力量，推动实现中国梦。

"少年强则国强，少年智则国智"，当代青年特别是大学生是实现中国梦的重要力量，他们的思想影响着祖国的前途，将中国传统文化融入高校德育教育中，对培养大学生的民族使命感、自豪感和认同感有着重要的作用。

四、教育需要

(一) 德育教育自身发展的内在要求

经过数千年的发展，中华民族拥有了辉煌的文化创造和深厚的历史积淀，并且形成了历经数千年的绵延发展而从未中断过的中国传统文化，其影响力体现在广大中国民众日常的行为方式、思维模式、道德规范，以及价值取向等之中。因此，我国德育教育应该而且必须尊重中华民族历经数千年延传下来的文化传统、行为方式、思维习惯，以及价值取向等，批判地继承、吸收并融合具有鲜明民族特色的中国传统文化。只有这样，正确的指导方向才能真正中国化，我国的德育教育事业也才能在正确指导方向的基本原理和基本方法的指导下，得到进一步的创新发展。

在我国，德育教育作为一种教育实践活动，其根本目的是提高人的思想道德素质，促进人的全面自由以及自主发展。人的全面自由发展，自然而然地包含了文化素质的要求，因此，德育教育离不开对文化的关注。

然而，从我国德育教育的整体发展过程来看，我国当代的德育教育基本上忽视了自身的文化性，从而导致德育教育资源的单一化和教育形式的呆板化，德育教育本应具有的文化含量的丰富性与不断提升性，在常常被我们忽略，其结果便是本可生动活泼的德育教育读物有时成为政策、文件、语录的简单汇编与转述，本可情趣盎然、文采飞扬的德育教育有时成为枯燥空洞的政治说教与道德说教。这种文化性的缺失，不仅使德育教育资源日趋有限，而且也削弱了德育教育的育人功能，进而阻碍了德育教育的进一步发展。中国传统文化作为一种崇德行文化，在长期的历史发展过程中汇总形成了"文化化人"和"文化育德"的优良传统，使其自然而然地成为德育教育重要资源的来源之一。

因此，我国的德育教育要进一步发展创新，就必须重视自身的文化性，必须从中国传统文化中有选择地汲取更加丰富的教育资源。换言之，中国传统文化与德育教育相融合，是德育教育自身发展创新的内在要求。

(二) 高校德育教育的需要

习近平总书记强调："不断提高学生思想水平、政治觉悟、道德品质、文化素养，让学生成为德才兼备、全面发展的人才。"因此，成为高素质的复合型人才不会被社会轻易淘汰。这就要求大学生在求学生涯中不仅要学好本专业知识，而且还要广泛阅读，研究其他领域的知识，自身也要不断培养昂扬进取、潜心钻研、勇于创新的良好素质。高校也要积极承担起提升大学生综合素质的使命，充分发挥辅导员、思想政治理论课教师、专业课教师、后勤人员的育人合力，高校还可以通过与校外企业和当地政府合作，拓展高校育人的场域，全方位、整体性、创造性地实现培养高校大学生综合素质的目的。

提高德育教育工作的实效性就要与中国传统文化相融合。中国传统文化的道德教育功能与德育工作的任务和要求具有一致性和内在统一性。因此，将中国传统文化寓于道德教育之中，增加道德教育教学的生动活泼性，并且在德育课程中，使学生接受中国传统文化。

中国传统文化与德育相融合，利于营造和谐的德育氛围。中国传统文化是校园文化的重要组成部分。中国传统文化渗透到校园文化生活，使学生从中得到理想激励，使学校发挥出德育的引领作用，令学生在生活学习之余充分受到中国传统文化的熏陶，对学生德育教育产生积极的导向作用。

中国传统文化与德育相融合，提供德育工作的方法论。中国传统文化以"道德感化""合理感化"为主要内容，中国学校德育在不断发展中形成"以道德教育为主，智力教育为辅"的教育模式，都是学校德育在新的历史时期想取得良好效果，可以借鉴的有效方法。

经济全球化的进程不断加快，我国在改革开放和加入世界贸易组织之后进一步融入经济全球化的进程当中。同时互联网技术的高速发展，使我国进入到全民网络时代。在这种发展背景下，信息传播速度加快，传播的覆盖面更为广阔，这些先进的技术为东西方思想、文化的正面接触与直接交流提供了最为迅速和方便的手段。

经济全球化改变着人类的生产、生活方式。在这种以互联网为载体的经济全球化背景下，不同国家政治经济文化的交流与碰撞是不可避免的。文化的交流与碰撞不仅仅为德育教育带来了新的机遇，更为高校德育教育带来了巨大的挑战。

在这种形势下，各种思想相互交错、相互激荡，西方的价值观念、思想意识形态和生活方式必然会对高校学生产生影响。这种思想多元化的状况很容易造成大学生思想的混乱和选择的迷茫，特别是某些披着科学和进步的外衣实质上否定马克思主义的西方社会思潮。这种形势加大了高校德育教育的难度，给高校德育教育提出了更高的要求，比如，应该引导广大学生在多元思想文化、价值观念并存的情况下，坚持指导思想的一元性，坚定自身正确的信仰。为应对西方资本主义思想的渗透，高校德育教育必须在教育过程中进一步增强学生的民族凝聚力与自信心，加快中国传统文化融入高校德育教育，不断给大学生灌输更多的优秀的中国传统文化，这对增加他们的社会责任感和培养他们的爱国主义精神都具有重要的现实意义。

（三）探索德育教育新路径的必然选择

德育教育具有文化属性，需要以文化为依托。中国传统文化与德育教育相融合，是应对目前德育教育存在的困境，探索德育教育新路径，提高德育教育实效性的必然选择。当前，在经济全球化时代背景下，多元文化并存态势越来越明显，大学生的价值观念、思维方式和行为方式都较以前发生了剧烈变化，这对高校德育教育提出了严峻挑战。

一方面，我国大部分高校的德育教育主要还是通过课堂教学来进行，而且在德育教育课堂教学过程中，教学内容单薄枯燥，授课模式单一，往往采用社会学、心理学等学科方面的知识与技术，表面化和浅显化地临时解决问题，而对中国传统文化的挖掘和运用不够重视，即使以中国传统文化为依托，也大多停留在"机械融合"或"单纯说教"的灌输层面，没有深入考察中国传统文化的实质内涵、时代背景、阶级立场等因素，这些都使得中国传统文化在德育教育中的运用和渗透，非但没有达到预期效果，甚至在某种程度上，淡化了学生民族自信心与自豪感，削弱了中国传统文化在德育教育中的重要应用价值，德育教育的有效性也大打折扣。

另一方面，当前在经济全球化时代的背景下，多元文化交流频繁，并存态势日趋明显，各种价值观论调不可避免地对大学生的生活态度、思想观念产生一定影响。一些大学生既没有真正了解外来文化、思想、观念之精髓，又没有深刻领会中国传统文化、思想、观念之精髓，因此，在多元文化的碰撞中，他们的价值观可能会变得扭曲。如，在学习上，他们只重视能够谋生的课程的学习，而忽视精神层面的储备，对德育教育课程亦不屑一顾；在生活上，他们更愿意追求金钱与物质的利益；在精神上，他们则只考虑自己，不考虑集体和他人，缺乏共产主义的理想与信仰，缺乏对人生目标的冷静思考，缺乏对良好的道德品质和人格修养的追求等。我国以往常以说教和灌输为主的德育教育模式，无法及时对这些问题提出行之有效的解决方法，而中国传统文化中的优秀精华，也因大学生对其了解与掌握甚少，而无法发挥其在德育教育中应有的积极价值作用。

因此，要真正发挥中国传统文化在高校德育教育过程中的作用，摆脱高校德育教育所面临的困境，我们必须具有高度的文化自觉意识，探索建立中国传统文化与德育教育有机融合的最佳机制。

五、个人需要

中华古典诗词是中国传统文化的精华和宝贵的文学遗产。历代爱国文人都用瑰丽的诗句抒发热爱祖国的情怀："路漫漫其修远兮，吾将上下而求索"是爱国诗人屈原为使楚国强大富饶而追求不息的愿望的强烈表达；杜甫"向来忧国泪，寂寞洒衣巾"的忧国忧民思想每每读来都感人至深；王昌龄那"黄沙百战穿金甲，不破楼兰终不还"的壮志豪情，激励了多少将士，奋发沙场，不惜抛头颅、洒热血为国捐躯；岳飞的一首《满江红》千古传诵；文天祥的"人生自古谁无死，留取丹心照汗青"万世流芳；如此等等，不胜枚举。经典诗歌中所蕴含的爱国情怀、为国献身的雄心，为当代大学生的人生价值观提供了明确的指引。优秀的中国传统文化既可以为当代青年学子带来知识，又可以培养他们的高尚品格，增强他们的审美意识，激励他们继承优秀的民族品格，为国家的繁荣而努力，从而实现自己的人生价值。

教育是培养人才的社会实践活动，高等教育是要培养德、智、体、美、劳全面发展的高素质人才，大学生要具有独立的个性，是我国社会主义建设中的主力。2010 年的《国家中长期教育改革和发展规划纲要（2010-2020 年）》提出我国教育的目的是全面贯彻党的教育方针，坚持教育为社会主义现代化建设服务，为人民服务，与生产劳动和社会实践相结合，培养德智体美全面发展的社会主义建设者和接班人。由此可知，高等教育中的德育教育是对学生内在修养与人格的培养，专业教育是培养学生应具备的专业技能。

大学生健康人格的形成是指能够正确地处理与他人、社会、自然之间的关系以及发展自身的素质。同时，健康人格的形成还需要情感、意志、知识三者的有机结合、协调发展，并注重情感意志的培育。中国的传统文化在发展的过程中，更多地注重个体的健康人格的养成。孔子认为理想的人格境界是仁知并重，他提出"知者不惑，仁者不忧，勇者不惧"的思想，同时也提出了达到理想人格的方法。中国高校在针对大学生的德育教育中应该继承和发扬中国传统文化的优良传统，通过结合现代化的教学手段以及优秀文化在教育中所发挥的优势，实现健全人格公民的培养。

在全球经济一体化的今天，不同国家之间的文化交流日益频繁。网络等新媒体的迅速发展，也促进了不同的文化观念的传播。当今社会，越来越多的年轻人通过互联网获取知识。"利己主义""享乐主义"等消极思想在网络上迅速蔓延，对年轻人的价值观形成了冲击。而在大学里，长期以来都是重视学习成绩的定量指标，忽略了大学校园文化多元化的影响，忽略了大学生的德育教育，这导致大学生的思想品德出现一些问题。

在这种情况下，个体道德价值观的培养显得非常重要的。中国传统文化蕴含着深厚的伦理思想和价值观。爱国、勇于担当、勇于创新的思想，至今仍是宝贵的精神财富，它潜移默化地影响着中国人的日常生活和行为方式，它对个体的道德评价和价值取向有着举足轻重的作用。

新时期，继承和发扬中国传统文化，有利于提升大学生的文化素养，提高大学生的判断力，使大学生自觉抵制消极的文化观念，树立正确的世界观、人生观和价值观。

六、内在需要

(一) 中国传统文化与德育教育的内在趋同性

1. 中国传统文化育人目标对德育的借鉴意义

马克思主义是德育工作的根本指导思想，要用马克思主义的方法对中国传统文化进行辨别，汲取中国传统文化中的民族基因。从政治角度看，"圣贤""君子"理想人格的培养是古人自身人格修养的要求，本领高强和品质优秀兼备的人才是管理国家事务所需的。德育教育工作也是为党和国家事业培养德才兼备的人才。从这个维度看，两者对育人的道德要求是有内在趋同性的。

从个人角度看，古代的众多道德思想和社会规范，对引领国民形成正确的价值观念，提高国民自身的人格修养和人文魅力，不断塑造国民的道德品质发挥着重要作用。高校德育工作坚持"以人为本"，重视大学生的德育工作，最终旨在实现人的发展。高校在日常学习工作中要求教育者除了完成知识教授的本职工作外，还要琢磨人的教育，做细、做小、做精，保障大学生得到良好的德育教育，促进其德智体美劳全面发展。因此，中国传统文化培养人与德育育人有着道德要求的一致性，高校应牢牢把握好二者的关系，由此培育的"人"才是中国的、健康的、现代的。

2. 中国传统文化育人内容对德育的借鉴价值

儒家"学以成人"的思想体系是新时代德育重要的深厚根基。孔子思想的核心是"仁"，提出"文""行""忠""信"教育内容，提倡培养"君子"人格。"君子"不仅学富五车，且品性纯良。荀子的教育思想基础是"性恶论"，他注重修养，提出"道"是养心的标准，即"礼义法正"。也就是说一个人遵守礼仪合乎行为，行为合乎人心，人心合乎道，就是善良的。墨家提倡人才主义、兼爱主义、利他主义和节约勤劳。这些优秀的中国传统文化被广泛应用于社会当中。高校德育要培养具有良好品性的中国人，应扎根于中国传统文化的土壤，汲取精华，使大学生茁壮成长。

3.中国传统文化育人方式对德育的借鉴价值

达尔文说："最有价值的知识是关于方法的知识。"中国传统文化不仅蕴含着丰富的德育内容和思想，其关于教育的诸多方法在今天仍然具有借鉴意义。《学记》是古代专业的教育书籍，集结了大量先人关于教育方法的论说，提出教学相长、学不躐等、长善救失、藏息相辅、启发诱导等多种育人方式。《教育学》中关于教育教学方法与《学记》中所阐述的一脉相承。孔子作为私教的创始人，有着丰富的教育经验，其流传百世的育人方法和经验，如启发式教学、规律性教学、道德规范约束等，不仅成为教化学生的育人理念，而且也成为约束人们外部行为的理念规则。

习近平总书记吸收了"重视身教"的思想，强调教师对德育教育发挥了重要作用，比如，"广大教师要做学生锤炼品格的引路人""高校教师要坚持教育者先受教育"。他还吸收了"人无德不立，国无德不兴""万物莫不尊道而贵德"的思想内涵，强调德智体美劳全面发展，甚至指出高等教育要将德育作为其根本任务，表明了以"德"树人的这一要义，也反映出其十分重视道德对人和社会的发展作用。

由此可见先人探索的教育规律、总结的育人方法的伟大之处。习近平总书记关于德育落实践行的论述，既汲取了中国传统文化的育人成果，又结合了现实发展凝练出符合时代要求的育人方法。高校在实现德育的实践中要主动创新育人方法，结合学生需要，真正造福于学子。

（二）中国传统文化与德育教育融合的契合点

1.中国传统文化修身观与人格培育

良好的个人品质是学生全面发展的先决条件，而学生的德育教育首先要做的就是正其身，培养学生高尚、健全的人格特征，这与中国传统的"修身"思想是一致的，中国的传统文化一向强调"修身"，在《大学》一书中，更是强调了"修身"对于"齐家、治国、平天下"的重要性。

现代大学生德育教育的主要目标是使学生摆脱物质欲望的迷惑，培养人的本性，特别是要通过中国传统文化中的"自我反省""改过自新"等途径，达到更高的精神境界。大学生要善于运用社会伦理规范进行自我约束，同时也要通过"内省"来实现个性的突破和自我提高。

中国传统文化倡导的"修身"观念有助于大学生的个性修养，并能有效地弥补现代科技文化的缺失与不足。中国传统的文化教育提倡以自我修养为基础，从言谈、举止、礼仪等各方面培养人格自觉，运用启发、熏陶等教育方式，使受教育者在不知不觉中被良好的个性和思想品德影响和感染，形成与社会需求相适应的独立个性和思想品德。

高校德育工作的起点是引导大学生树立正确的人生观、价值观、世界观，因此，要加强大学生的个性建设。大学生德育教育与中国传统的道德修养理念相结合，能够增强大学生的人文素质，有助于大学生自觉净化自己的心灵，塑造出富有内涵的精神气质。大学的德育教育和中国传统的道德修养观念在目标上是相通的，这可以促使我们把中国特色的精神品质和文化追求融入大学生的德育教育之中。

2. 中国传统文化道德观与德育教育

当代"00"后大学生的学习成绩普遍是优秀的，同时"00"后大学生的家庭教育等因素使大学生形成了独立的个性，也使得部分大学生缺乏合作意识。高校教育中仍然存在着重视知识的传播，而对大学生的德育教育有所忽视的现象。中国传统文化中先进的、贴近现实的道德教育理念，将会成为大学生德育教育优良的素材。社会经济和科学技术的发展要求大学生要成为高素质的建设人才，这也是高校"立德树人"教育目标和教育理念的体现。

中国传统道德观念在大学生树立正确的道德观念方面具有举足轻重的作用。"富贵不能淫，贫贱不能移，威武不能屈"等传统思想，充分反映了中国传统文化对品德的高度重视和要求。正确的德育教育可以让大学生了解做人、做事的原则，从而形成正确的人生观和价值观。我们开展大学生德育教育，旨在使学生遵守国家法律、法规的同时，学会与他人友好相处，热爱国家，成为一个讲诚信、守信用、讲道德的人。

当前，我国高校对大学生的道德问题十分关注，大学生的品德素质关系着民族的前途，中国传统的道德观念为大学生德育提供了新的途径，使得大学生的德育教育更加贴近优秀的中国传统文化。

3. 中国传统文化实践观与德育教育

中国传统文化历来重视实践的发展和应用，这种实践观在中国历史上已有数千年的历史，中国人自古就有"非知之难，行之为难"的思想，特别强调实践的重要性。在诸子百家时期，各家学派都有各自的实践观点，比如荀子将朴素唯物主义的知行观发展到更高的境界，根据"闻、看、知、行"的认知历程，将认知的目标归结为"行"。以孔子的道德观念为中心的实践观，在体现了诚信、崇尚礼仪、重视义等文化特性的同时，也体现了它的实用性。

伴随着社会的发展，"格物致知""经世致用"的知行观在中国传统文化的形成过程中逐步成熟，并融合了儒、墨、法、道等多家思想。实事求是的思想方法，身体力行的价值取向成为中国传统文化实践观的外在表现。正是在中国传统文化实践观念的影响下，中国古代的科学基本上都是实用科学，并且取得了较为重要的成就，解决了诸多实际问题，居于世界领先地位。

德育工作本质上是人的工作，要围绕学生、关心学生、服务学生，不断地提升学生的思想政治素质、道德素质和文化素质，使学生成为德才兼备、全面发展的优秀人才。从实践性的角度来说，"格物致知"的教育思想可以培养大学生对科学研究的探索精神，以"经世致用"的理念引导学生可以使其将所学付诸实践，践行学习联系实际、心系社会的思想理念。

从德育教育的观点看，中国的传统文化实践观念与当代社会的发展趋势相契合，更有利于高等学校教育对大学生人才的培养。大学生德育教育是中国传统文化的重要组成部分。

第二节　中国传统文化与高校德育教育融合的可行性

一、以"育人"为核心的价值目标

中国传统文化与高校德育教育的价值目标是相一致的。二者均以"育人"为不懈的追求，即注重个体的品德修养和人格提升。中国传统文化作为一种"德性"文化，其内容是主要围绕着"培养什么样的人"和"怎样培养人而展开的"。通过翻阅中国传统文化经典著作，我们不难发现，"君子"一词在各个流派的著作中都有所涉及，这是融合儒释道等各个流派的主体思想所凝练出的理想人格，因而"君子"一词就被赋予了深厚的德性意义，简单来说指的就是品德高尚的人。《大学》作为一篇论述儒家修身治国平天下思想的经典散文，从全文开篇的第一句就提出了"大学之道，在明明德，在亲民，在止于至善"，这一论断从系统上概括了古代教化的最高目标就是"止于至善"，即达到最高境界的"善"，这充分彰显了中国传统文化的"育人"目标。

而高校德育工作的主要目标就是培养大学生成长，提高其思想道德水平,从而促进其成才。这一价值追求是与中国传统文化的"育人"目标相契合的。正是由于二者的这一契合,才使得中国传统文化与高校德育的融合具有可能性。

(一)核心教育理念相同

中国传统文化与高校德育教育的核心教育理念是相同的,高校教育的"立德树人"是要教育大学生树立道德,将其培养成德才兼备的国之栋梁,这是古代学者们都推崇的一个教育理念,立德和树人是相互支持的,立德是为了树人,树人要先立德,"立德树人"也体现了"以人为本"的教育理念。

大学生的培养过程是育人与育才同时进行的教育过程,而对学生的德育教育培养才是根本,育人的根本就在于立德,这也是我国高校人才培养的辩证过程。高校是新时代人才培养的重要阵地,高校最根本的任务还是为国家和社会培养有用的高素质人才,要对学生进行专业知识的教授,更要对学生进行良好的道德品质的培养,这样培养出来的人才能成为国家和社会的栋梁之材,才能为社会和国家的建设贡献自己的力量。

基于以上观点的描述可以看出,中国传统文化与高校德育教育之间的核心教育理念——立德树人、以人为本就达成了教育理念的一致,实现高校教育"立德"与"树人"之间的平衡。

(二)德育与中国传统文化目标的一致性

德育教育的目的性与中国传统文化传承的目标具有一致性。中国传统文化重在培养健康的人格,提高人们的思想道德修养,丰富人们的精神世界,增强人们的精神力量。这些都符合今天人们所追求的道德理想,而且和德育教育中培育有理想、有文化、有道德、有纪律的"四有"新人的目标是一致的。

德育素质与文化素质的共生性。大学生的基本素质包括思想政治素质、文化素质、专业素质和身心素质,其中文化素质是基础,思想道德素质是根本、灵魂。每一种素质都不能独立存在,都和其他素质相辅相成,思想素质与文化素质更是密不可分,二者具有共生的特点。

德育素质和文化素质形成机制的相似性。思想政治素质和文化素质形成机制基本相似,就是教育者根据一定的社会要求,对受教育者施加有目的、有计划、有组织的教育影响,通过将相关知识内化,形成学生的主观体验,进而形成社会所期望的思想政治品德的过程。

（三）功能的一致性

中国传统文化与高校德育教育的功能是相同的，二者都是从思想上对人进行培养，指导人在一定的社会环境中生活。

1. 育人功能相同

文化在道德教育中起着举足轻重的作用。文化是人类在数千年的发展过程中所创造出来的，而文化又具有塑造和培养人的作用。基本上，我们所接受的教育，就是文化的教育。中国的传统文化也是如此。我国古代向来重视文化的教人育人的功能，《论语》中就有"孔子指点孔鲤学诗学礼"的典故。德育教育与宽广深厚的历史文化背景相联系，深受它所赖以存在和展开的民族文化传统的制约。

作为中国传统文化的实际接受者，当代大学生的思想意识一直被中国传统文化所渗透。在进行德育教育时，要运用文化手段，以文化武装人的心智，培养人的情感，使人的综合素质得到全面的提升，实现人的全面自由的发展。

中国传统文化，是中华民族数千年来积淀下来的智慧结晶，蕴藏着深厚的道德意蕴和生命哲思，它能指引我们树立正确的价值观念，并将其作为我们世代传承的精神家园。高校德育的目的是使大学生树立正确的人生态度，确立正确的政治取向，增强其责任感和使命感，使其具有优良的品德，从而成为一名合格的社会主义接班人。

2. 价值导向功能相同

中国传统文化中的爱国、忠义、诚实守信等伦理价值观包含着对生命价值的导向，引导着人们成为明德、遵纪守法、尊师重道的公民。高校德育也是这样，即通过一定的原则和方法，对大学生进行德育，使其成为一个有道德修养的人。

3. 凝聚民族力量功能相同

中国传统文化是中华民族宝贵的精神血液，历经千百年的锤炼，中华民族以顽强的意志，克服了重重困难，使中国传统文化成为中华民族凝聚力量的精神财富。同时，高校德育还肩负着丰富学生心灵世界、塑造坚强人格的使命，使他们从德育中获取精神力量，并勇于克服困难、永不退缩。

二、以爱国主义为核心的精神内涵

中国传统文化与高校德育内在契合，除了在价值目标上有所体现之外，还展现在精神内涵上。中国传统文化是中华民族生生不息、拼搏进取的源泉，这其中最重要的就是以爱国主义为核心的精神内涵。从曹植《白马篇》中的"捐躯赴国难，视死忽如归"，到陆游《病起书怀》中的"位卑未敢忘忧国，事定犹须待阖棺"，再到林则徐《赴戍登程口占示家人》中的"苟利国家生死以，岂因福祸避趋之"无不体现了中华儿女为了祖国浴血奋战，保卫祖国的坚定决心，这足以说明在中国传统文化中爱国精神所占的重要位置。除此之外，中国传统文化中还蕴含着丰富的传统美德，关于孝敬长辈、保护弱小、诚信友善等传统美德的阐述随处可见，这就更加丰富了中国传统文化的精神内涵。

中国传统文化包含的爱国主义、人生哲理和理想信念等内容在当下依然具有很强的现实意义，是高校德育教育内容的源泉。

首先，爱国主义是高校德育教育的核心内容，它应根植于每个人的心中，只有这样才能推动中华民族不断发展与前进。在中国传统文化中，讲述爱国主义内容的并不少，屈原、岳飞、林则徐等人的英雄事迹，古代文化典籍中"天下兴亡，匹夫有责""苟利国家生死以，岂因祸福避趋之"等名句，都向我们传达着不同年代的爱国主义思想。这些内容激励着一代又一代的中国人努力奋进，建设祖国，也为高校德育教育提供了丰富的爱国主义教育内容。

其次，中国传统文化与高校德育教育都注重进行正确的人生观、价值观和世界观的引导，中国传统文化中有不少诗词都是讲求积极的人生态度与处世之道的，例如："居高声自远，非是藉秋风""欲穷千里目，更上一层楼"等，这些内容与高校德育教育内容有着重合之处，对高校学子树立积极的人生观、价值观和世界观起到重大的作用。

最后，青年人要早立志，立大志。中国传统文化中关于理想信念的重视早已不言而喻。"长风破浪会有时，直挂云帆济沧海""但愿苍生俱饱暖，不辞辛苦出山林"都体现了古人对理想信念的重视，也提倡每个人树立自己的志向。到了当代，高校德育教育也积极引导学生在树立正确的人生观、价值观和世界观之后，找寻自己的志向，为国家和个人而奋斗。

所以，当代大学生在努力学习科学文化知识的同时，为了担负起建设中国特色社会主义的重任，更应有意识地培养自己的爱国精神，提升自己的道德水平。而高校德育工作针对新时代所提出的复兴中华伟大中国梦的要求，应该重视大学生的爱国主义教育，一个人只有爱国，他才能在自己成长成才之后为祖国的建设贡献自己的一份力量。

三、理论与实践相结合的教育方式

中国传统文化和高校德育工作在教育方式上都同样注重理论与实践相结

合、注重发挥显性因素与隐性因素相结合的作用。中国传统文化一直强调知行合一、身体力行。孔子作为儒家学说的代表人物，也一直把"行"放在重要的位置，从孔子提出的"君子欲讷于言而敏于行"，到陆游提出的"纸上得来终觉浅，绝知此事要躬行"，再到王阳明"知行合一"的学说，实质上都是在阐述理论与实践相结合的重要意义。

在当今高校的德育教育中，理论与实践相结合的教育方式的应用也十分广泛。现如今的高校德育，在课堂上除了对学生进行思想政治理论课的知识传授之外，也注重培养学生的实践能力，例如鼓励学生在课堂上分享自己阅读马克思主义经典著作的思想感悟、带领学生们走出校园宣传新的方针政策，这些都充分表明了高校德育工作中理论与实践相结合的重要性。

此外，中国传统文化与高校德育工作在显性因素与隐性因素的结合上也有异曲同工之妙。在显性因素上，中国传统文化有着因材施教、教育灌输等教学方法，主张启发引导学生成才。而在隐性教育方面，中国传统文化历来重视环境熏陶、榜样示范的重要作用，在教化上有"润物细无声"的主张，体现出了寓教于无形的特点。

而高校德育工作在现实操作中更是十分重视显性因素与隐性因素的有机结合，一方面，德育运用有形的手段，借助现实的工具进行理论和实践方面的教学，体现了显性因素的有效运用；另一方面，德育也借助于丰富多彩的文化、活动，通过"微时代"下的新媒体手段对学生进行潜移默化的熏陶，这就体现了隐性因素的重要作用。这些教育方式的有机契合，不仅反映出了中国传统文化与高校德育的互通有无，更为我们展现了中国传统文化多种多样的育人方式，明确了其在高校德育工作中的重要借鉴意义。

中国传统文化是中华民族五千年文化积淀的成果，不但在古代展现出了独特强大的艺术魅力，而且对新时期的德育教育工作仍具有指导和借鉴作用。

（一）中国传统文化为德育教育内容提供了丰富的教育资源

大学生德育教育的主要任务包括四个方面的内容：人生观教育、民族精神教育、公民道德教育及素质教育。中国传统文化也蕴含了这几方面的内容。

中国传统文化可以为大学生世界观、人生观、价值观教育提供文化资源支撑。

一是世界观方面。"天人合一"思想传递出了一种普遍的生命意识，它所表现出的对生命的关怀和对敬畏生命的追求有利于当代大学生和谐意识和生态伦理意识的培养。

二是人生观方面。"刚健有为，自强不息"精神对提高大学生的承受力，对大学生砥砺成才、健康成长是极为可贵的。

三是价值观方面。中国传统文化强调人生的最高目标是以天下为己任的爱国精神，这一目标可以增强大学生的民族自豪感和自尊心，弘扬民族精神。

（二）中国传统文化使德育教育的形式更加丰富

文化具有渗透性强、影响持久、形象、生动、主观等特点。中国传统文化道德观念有着丰富的情感化历史内容作支撑，更容易引起受众联想，使受众在不知不觉中受到其内容的熏染，也就更容易引起大学生的共鸣。这样，思想政治的影响方式就由灌输变成了唤醒，进而达到道德观念的"润物细无声"的期望。

中国传统的文学、音乐、戏曲、诗词、绘画、书法、雕塑、服饰、礼仪及民族手工艺等有形的文化资源可以为高校德育教育提供很好的视角。在文化的熏陶和浸染中进行德育教育，能最大限度地调动学生的积极性、主动性和创造性，增强高校德育教育的生动性和感染力。

中国传统文化的覆盖面广大，影响范围大，这就扩大了高校德育教育的影响，使其作用在最大范围内得到全面实现。

（三）中国传统文化为德育教育提供了教育原则和方法

1. 注重言传身教的原则

孔子说："君子之德风，小人之德草。草上之风，必偃。"在孔子看来，君子是道德的楷模，是用道德的力量征服人心的。他还指出："其身正，不令而行；其身不正，虽令不从。"因此，他强调以道德示范为特点的教育方式。这些都说明了身教的示范和导向作用值得借鉴。

2. 道德教育与内心自省相统一的方法

中国传统文化特别重视心理感化的作用，提出了"内省""慎独"的修养方式，"见贤思齐焉，不贤而内自省也"，这些道德修养方式，经过批判地改造，赋予其新的内涵，不失为一种很好的教育方法，可供大学生借鉴和运用。

3. 道德教育与知识教育相统一的方法

中国古代教育家强调以德育为首，同时也重视知识教育的作用。"君子务本，本立而道生。""行有余力，则以学文。""未知，焉得仁？"这些给我们当代高校德育教育以重要启示：在强调知识教育的同时，不应该忽视道德教育，应挖掘其隐性德育资源，促进大学生德育与智育共同发展。

4.道德认识与道德行为相统一的方法

中国传统道德还特别重视"知"与"行"统一，"一个人仅仅懂得了应当怎样做人，并不是真有道德，只有按照道德规范认真去做，才算真有了道德。"孔子认为，衡量一个人品德的好坏，不仅要"听其言"，更要"观其行"。现阶段的高校德育教育工作不仅要让学生知道什么是道德，而且还要让他们形成道德体验，亲自实践，日积月累地养成良好的思想政治道德素质，做到知行合一，方能积善成德。

（四）中国传统文化有助于大学生养成崇高完善的道德品质

大学生的思想道德素质、科学文化素质和健康素质协调发展，是高校德育教育的根本目标。中国传统文化对大学生的影响具有全面性，既包括科学知识、专业技能的影响，又包括思想观念、道德规范等的影响。

中国传统文化注重从人与自身、人与他人、人与群体三个方面进行探讨，为当代大学生正确处理人际关系提供了可借鉴的原则和方法，形成了中华民族的一系列传统美德。"仁爱孝悌"是中华民族美德中最具特色的部分。这些传统美德，有利于化解大学生内心的冲突，使其保持一种和谐、和顺的心理状态，有助于大学生塑造理想人格，形成崇高完善的道德品质。

四、追求"天下大同"的社会理想

在社会理想方面，中国传统文化以构建"大同社会"为终极目标，而高校德育则追求塑造和谐社会，在一定意义上，"大同社会"与和谐社会的内涵是一致的，二者都怀着对未来社会的美好追求，并且通过努力来构建理想中的未来社会状态。

"大同社会"是中国传统思想中人类社会的最高阶段，是古代儒家学说概括出的理想社会。在"大同社会"中，每个人都能受到全社会的关爱，每个人都能安居乐业，都能实现物尽其用，整个社会呈现出一片和谐友爱的氛围。这种设想，与当代中国提出的和谐社会的构想是基本一致的，虽然这种构想在古代封建制度社会中是不可能实现的，但是也能从中看出古代人民对美好社会、美好生活的积极向往。

而当今这个时代所追求的和谐社会，则需要德育发挥其培养教化的作用。德育通过培养国人的道德素质，努力创造出一种人民孜孜以求的理想社会，也就是公民社会。在这个社会里，全社会有着共同的价值追求，每个人都能够自觉地遵守公共秩序，每个人都能够实现自我的价值。

在当下，和谐社会的建设任重道远，这其中饱含着人民对美好生活的向往和不懈追求，我们坚信，在中国共产党的领导下，全体人民努力奋斗，构建和谐社会的理想的实现是指日可待的。可见，对美好和谐社会的追求，不仅是中国传统文化与高校德育的内在契合，而且也是新时代的要求和全体人民的心声。

第三节　中国传统文化与高校德育教育融合的现实价值

一、关于中国传统文化德育价值的研究

（一）中国传统文化的宏观德育价值

王丹在《中国传统文化德育价值刍议》中结合当前德育发展的实际情况，分析了中国传统文化以德为先、以人为本、生命化德、生态德育、知行相合、快乐德育、以德治国的理念，并对这些理念的德育作用和影响进行了剖析，指出中国传统文化对于提高青少年道德素养、增强我国文化软实力具有重要的价值。

黄志煊在《开采好传统文化这座德育"富矿"》中认为"中华优秀传统文化中蕴藏着破解现代德育难题的密码，是学校开展德育工作的'天然富矿'"，并着重对传统文化中蕴含的德育方法价值进行了介绍。文章从传统文化的基本范畴和内涵入手，认为传统文化对德育的价值体现在道德原则、道德理想、道德氛围、道德情感四方面，把握好传统文化中这些德育精髓，将有利于激发学生追求崇高的道德和人生价值信仰。

还有一些学者着重从德育观、德育内容、德育过程三方面分析中国传统文化德育思想对青少年工作的借鉴意义，并指出要对中国传统文化的德育思想进行深度挖掘，选取其中进步的精华部分进行再利用；中国传统文化里有很多优秀的价值理念，具有构建青少年精神家园的重要价值；中国现代德育构建的基础在于文明，而文明的源头是中华民族优良的传统文化，中国传统文化蕴含的丰富德育思想对现代德育有着重要的导向价值。

习近平总书记也对中国传统文化及其蕴含的德育思想进行过多次讲话和论述，对中国传统文化的德育价值给予充分的肯定，并号召高校教育者充分重视大学生的德育教育。

（二）中国传统文化的微观德育价值

我国学者及教育者不仅从宏观的角度论述了中国传统文化的德育价值，还从微观角度论述了中国传统文化的内容对大学生进行德育教育的价值，也论述了中国传统文化对学生德育教育的相关活动的指导意义。学者对中国传统文化的微观德育价值的研究主要集中在儒家思想、佛道文化、历史典故、传统节日等传统文化对大学生德育教育的价值观上。

刘欢欢、鲁杰在《传统家训文化的德育思想及其现代价值》中指出家训文化的德育价值，他们认为中国传统家训文化蕴含着丰富的德育思想内容和德育方法，对现代德育具有意义非凡的借鉴价值，并倡导应当在德育中贯彻以人为本的理念，加强学生的体验和实践。

荆媛发表的《儒家"仁""礼"思想在当代德育中的价值探析》指出，儒家思想是中国传统文化的主流思想，"仁""礼"思想则是其中重要的德育内容，当代德育可以批判性地吸收"仁""礼"思想中的精髓，将有助于学生树立积极向上的人生观，形成崇高的道德品质。

还有其他学者认为历史典故是中国传统文化的智慧结晶和精神宝藏，应该引入高校德育过程，这符合教育接受性规律，有助于学生养成良好的道德品行和人格素养，同时也有助于中国传统文化的传承和发扬；传统节日是中国传统文化的重要组成部分，其丰富的道德内涵是对青少年进行道德引导的有益资源，弘扬传统节日文化可以为德育提供更丰富的路径，从而增强德育的实效性；要践行社会主义核心价值观，弘扬中国传统文化是重要的抓手；立足博大精深的中国传统文化，指出传统美德是中国传统文化之精髓，强调要增强文化自信和价值观自信等。

二、中国传统文化与高校德育教育融合的时代价值

从邓小平同志提出实施改革开放以来，中国的社会环境发生了颠覆性的变化，人们的生产方式不再像从前那么单一，社会多元化发展使人的工作也五花八门，农村不再是人人扛着锄头种地，机械化农具的应用解放了人力，使农业生产变得简单。越来越多的农村劳动力涌入城市，为城市的建设贡献了很大的力量。人们的生活方式也随之改变，智能手机已经逐步普及，远在千里之外的亲人可以不再忍受相思的煎熬，可以通过视频电话交流。这一切都体现了我国经济的繁荣和科技的进步，也是经济全球化和信息一体化带来的好处。

但经济全球化是一把双刃剑，国外的思想观念、行为方式、生活习惯、衣着饮食等通过各种各样的渠道对中国人的人生观、价值观和世界观进行潜移默化的影响、渗透。外来文化几乎渗透到中国人衣食住行的方方面面，大大刺激了大学生对外来文化的消费欲望。部分防范意识差的大学生，逐渐产生崇洋媚外的心理，对本国文化缺乏认同感和归属感，这种情况迫切需要民族文化的觉醒。

中国传统文化作为民族文化的一部分，是中华民族在几千年的历史发展中沉淀的物质文明和精神文明成果。党和国家提出在坚持社会主义核心价值体系的前提下，积极深入中国古代传统文化的精神世界，充分继承和弘扬发展中华民族积极向上的优秀思想文化，为党和国家的建设和发展服务。伴随着社会主义市场经济体制和全球经济分工合作的不断发展，中国传统文化正呈现步步升温状态，这次大规模的复兴与以往任何一次都不同，这次的立场是坚持压倒性的肯定态度，目标是让中国文化重新走向世界。中华文明在世界的舞台上逐渐展现出极大的魅力，吸引着世界的人们去学习，去揭开它神秘的面纱。

中国传统文化的思想内容丰富多样，古代的人既有精忠报国的爱国主义，自然与人和谐相处的"天人合一"，又有理论和实践相一致的"知行合一"，中国有着无与伦比的精神宝库，我们不需要模仿其他国家，我们有属于自己国家的文化内涵和道德至上的价值观念。所以要提升高校德育教育水平，就要秉承中国古代教育的目的：教人学会求真，这一做人最根本的道理。教大学生懂得人之为人所应具有的德行，养成健全的人格，使大学生步入社会后能够恰当地处理各种人际交往，营造和谐的社会氛围。

此外，传统的教学方法和教育资源正是我们高校德育教育缺少的，加强中国传统文化与高校德育教育融合不仅能丰富大学生德育教育的内容，而且还可以为高校德育教育工作找到一种更加适合当代大学生思想道德现状的新方法。除此之外，在高校德育工作中借助中国传统文化的力量，丰富高校德育教育资源，可以为高校德育教育树立道德模范，提供思想准则。大学生这个群体代表着我们祖国的未来和希望，是构建和谐社会的主力军，只有加强中国传统文化教育，改革大学生德育教育，提高大学生对本民族文化深层次的认识，才能使大学生拥有良好的道德素质，热爱中华文明，热爱祖国，积极投身到社会主义建设中去，为中华民族的伟大复兴添砖加瓦。

（一）构建社会主义核心价值体系

社会的核心价值体系作用于经济、政治、文化和社会生活的各个方面，是引领人们思想行为、社会精神风尚和发展方向的灵魂，是关系社会稳定与国家兴旺的决定性因素。社会主义核心价值体系建立在社会主义经济基础之上，反映社会主义现代化建设要求，体现社会主义意识形态的核心思想和价值观念。党的十六届六中全会把马克思主义指导思想、中国特色社会主义共同理想、以爱国主义为核心的民族精神和以改革创新为核心的时代精神、社会主义荣辱观等四个方面，作为社会主义和谐社会的核心价值体系。如果我们仔细分析社会主义核心价值体系的深刻内涵，不难发现，中国传统文化的许多积极因素在社会主义核心价值体系的构建过程中发挥着举足轻重的作用。社会主义核心价值体系与中国传统文化是紧密联系和互相促进的。中国传统文化为社会主义核心价值体系提供了思想根源和中华民族精神的坚实基础，社会主义核心价值体系是对中国传统文化的继承与超越。正因为融入了中国传统文化，社会主义核心价值体系，才在中华大地上根基牢固、枝繁叶茂。

1. 中国特色社会主义共同理想

中国特色社会主义共同理想是社会主义核心价值体系的重要组成部分，坚持中国特色社会主义共同理想，就是要坚持中国共产党的领导，坚持走中国特色社会主义道路，坚持实现中华民族伟大复兴。坚持中国特色社会主义共同理想，必须同时兼顾个人利益与国家利益，把个人的发展追求与社会主义的共同理想统一起来，强调个人的独立人格，又彰显共同的价值理念。中国传统文化强调个人应该融入集体之中，个人的发展追求应该与社会的发展相协调。

中国特色社会主义共同理想的主要内容，说到底，是中国传统文化中的"民本"思想与"大同"思想在社会主义新时代的体现与升华。民本思想是中国传统文化宝库中重要的思想资源。从商周时代，我们就能看到民本思想的广泛影响力。例如，《尚书》主张"民惟邦本，本固邦宁"，孟子主张"民为贵，社稷次之，君为轻"，荀子的"君舟民水"思想等。

马克思主义理论传入中国以后，中国共产党为领导中华民族走向胜利将理论与实践相结合，更好地完善和发展了这一理论，肯定了人民群众才是历史的真正创造者，肯定了人民群众"当家做主"的能力，让"民本思想"在社会主义中国真正焕发出历史的光辉。"大同"思想更是中国传统文化的精髓，"大同"思想倡导所有人不分贫富贵贱，皆应享有真正的自由与平等，它承载着中华民族一直以来追求"和谐社会"的美好愿景，与我党的共产主义最高理想不谋而合。"民本"与"大同"思想体现了人类社会发展的最后归宿，在中国特色社会主义新时代将再次散发出光和热。

2. 民族精神和时代精神

民族精神是传统文化价值体系的集中体现，是一个民族在历史长期的发展和积淀过程中形成的民族性格、民族文化、民族意识、民族价值观念和价值追求等共同特质，它推动和指导着民族不断发展和进步，是一个民族赖以生存和共同发展的核心和灵魂。民族精神是引领一个民族发展的价值取向，是一个民族凝聚力和创造力的源泉。五千年的历史长河之中，中华儿女为了民族的独立、解放、发展和强大，一代一代前赴后继，不断奋斗，形成了以爱国主义为核心的民族精神。这种民族精神深深地植根于华夏儿女心中，千百年不断积淀起来，成为一种深厚的民族感情，以一种无与伦比的强大凝聚力，将民族、国家和社会牢固地凝聚在一起。

时代精神是一个社会在最新的创造性实践中激发出来，反映社会进步的发展方向、统领时代进步的整体潮流，是一个社会最新的精神气质、精神风貌和社会时尚的综合体现。在社会创造性实践中所激发出来的改革创新精神，有着中华民族数千年的历史文化沉淀的深层根基。自强不息、坚持奋斗的文化精神，是中国传统文化中中国人生存态度的集中体现。作为时代精神核心的改革创新精神，就是依托于中国传统文化蕴含的变革思想，立足于反思传统，勇于超越现在、开创未来的精神。置身于中国改革开放和社会主义现代化建设的新时期，改革创新的时代精神，就是要肯定一切有利于社会进步的行动，尊重一切有利于创业实践的思想，支持一切有利于创新争优的品质，并最终内化为全体人民奋发上进、施展才华、奉献社会、报效国家的意志和品格。

民族精神与时代精神是相辅相成的统一体，只有把时代精神的创立融入民族精神的完善中，才能使时代精神成为社会群体的行为自觉。而结合时代发展的需要，把以改革创新为核心，坚持解放思想、实事求是、与时俱进、开拓创新的时代精神纳入民族精神中，才能真正促进中华民族的大发展、大繁荣。民族精神和时代精神，是社会主义核心价值体系的精髓，是中华民族赖以生存和发展的精神支撑，也是中国传统文化的本源和精髓。以爱国主义为核心的民族精神和以改革创新为核心的时代精神相互交融，深深熔铸在民族的生命力、创造力和凝聚力之中，共同为中华民族的伟大复兴提供着强大精神力量。

3. 马克思主义指导思想

当前我国高校德育教育工作的主要内容体现在对马克思主义的传播上，强调以马克思主义为指导，帮助大学生完成世界观、价值观和人生观的构造。我们在国家经济建设上要尊重中国的实际情况，在精神文明建设过程中，同样也要尊重中国古代的文化和当代的文化。当前中国思想界最难以消化的部分就是中国古代传统文化，因此要想进一步实现马克思主义的中国化，就必须将中国传统文化和马克思主义进行深而精细的研究，将两者掰碎，重新糅合，构建符合中国国情的理论体系。马克思主义之所以能够中国化，主要是因为两者有很多共通的地方。中国人求真务实的朴素唯物主义思想，阴阳五行思想，"知行合一"的认识论传统以及"重民""大同"的社会历史观等，都是马克思主义与中国传统文化相融的契合点。

（1）相似的理想社会蓝图

马克思主义认为人类的终极理想是实现共产主义，即消灭生产资料私有制，建立一个没有阶级制度、没有剥削、没有压迫的社会，实现社会生产力的高度发展，物质极大丰富，人类可以自由而全面发展的社会蓝图。共产主义社会是一个和谐的人类世界，是人类最美好的社会形态的终极追求，是人的本身生命全部历史的真理。共产主义社会里人有人的行为，自然万物有自然的和谐状态，社会有社会本身的进行秩序。

而中国传统文化中也有相似的描述，即实现天下"大同"。它代表着广大劳动人民对于理想社会的追求，在儒家的著作《礼记·礼运》中记载"大道之行也，天下为公……使老有所终，壮有所用，幼有所长，矜孤寡孤独废疾者皆有所养……是谓大同"。描述出一个人人敬老，人人爱幼，人们可以把他人的父母当作自己的父母一样孝敬，视别人的子女为自己的子女一样疼爱，再也没有什么留守老人抑或留守儿童，无论是寡居的老人还是失去父母的儿童都能得到赡养的理想社会。

（2）相通的"民本思想"

中国传统文化中最早提出以民为本思想的应该是老子，他提出"圣人常无心，以百姓心为心"，但系统性提出来的还是儒家。孔子提出"仁者爱人"，"仁者"即具有大智慧的人，在他们眼中所有人都是平等的，没有所谓高低贵贱之分，有大智慧的人热爱世间的每一个人。孟子提出"民贵君轻""仁政"和"王道"，孟子的思想主要是针对统治阶级的，告诉统治阶级要对百姓实行仁政，重视百姓的力量，强调统治者在实行政策之前要设身处地地为民着想，从百姓的利益为出发点，孟子把"民本思想"升级到了一种超常的政治道德境界。荀子也曾说"君者，舟也；庶人者，水也。水则载舟，亦则覆舟"，荀子把君王比作船，把百姓比作水，船要在水里面前行离不开水的支撑，水能支撑船前行，失去了水，船将失去意义。荀子把君王和百姓唇齿相依的关系比喻的生动形象，这句话一直到现代社会也在流传。

随着君主制度的发展，儒家一直都是封建王朝的正统思想，民本思想也随之不断地发展。从董仲舒的"屈民而伸君，屈君而伸天"到唐朝李世民"国以人为本"，再到明朝朱熹的"天下之务莫大于恤民"等，"民本思想"在中国传统文化中一直发展从未断绝。

而马克思主义唯物史观从社会发展的根本原因与基本规律的角度，指出人民群众是历史的创造者，是社会的实践者，推动着生产力的发展，促进社会生产力与生产关系的变革，是完成社会发展与变革的主力军。中国共产党重视人民群众与中国传统文化中的"民本思想"不谋而合，两者彼此相通，可以自然融合起来。

（3）理论与实践关系的探索

在中国传统文化中"知行"关系是一个重大的哲学问题，即对认识和实践关系的探索。孔子是我国古代第一个探讨知行关系的哲学家，他提出学而知之的认识论，即"生而知之者，上也；学而知之者，次也；困而学之，又其次也；困而不学，民斯为下矣"，同时又提出对行的重视，"听其言而观其行""君子敏于事而慎于言"，强调言行一致，追求知与行的统一。荀子的"不闻不若闻之，闻之不若见之，见之不若知之，知之不若行之"，进一步分析了知与行的关系问题。

到宋明时期，理学家朱熹这样描述两者的关系"论先后，知为先；论轻重，行为重"，将知行分为两部分，认为必先了解然后才能实践行。针对这种观点，王阳明首次提出了"知行合一"，认为"知中有行，行中有知""以知为行，知决定行"，反对程朱理学"将知行分作两件去做，以为必先知了然后能行"的知先行后说以及由此造成的重知轻行、"徒悬空口耳讲说"的学风，肯定人的能动作用。

后来王夫之又在前人的基础上提出"行也，神也，物也，三相遇而知觉乃发""且夫知也者，故以行为功者也；行也者，不以知为功者也。行焉可以得知之效也，知焉未可以得行之效也"。这些思想和马克思主义有很多相通之处，诸如认识与实践，主体与客体，理性认识与感性认识等方面，而这种辩证统一的实践观正是马克思主义的基础，体现出了自然观与历史观，唯物论与辩证法的统一。

4.社会主义荣辱观

荣辱观是人们对荣誉和耻辱的根本看法和态度。一个人要形成正确的价值判断，一个社会要形成良好的道德风尚，必得分清荣辱是非，明辨美丑善恶。以"八荣八耻"为主要内容的社会主义荣辱观，是社会主义核心价值体系的基础，它为我们规定了基本道德规范和行为准则。中华民族是礼仪之邦。基于中国传统文化中的"以德治国"思想和"明礼知耻"文化传统，中国共产党在继承和创新的过程中提出了社会主义荣辱观。

中国传统文化非常看重个人的思想道德修养，对于是非、善恶、美丑的界限有着清楚的划分。"三军可夺帅也，匹夫不可夺志也""贫贱不能移，富贵不能淫，威武不能屈"的道德品质历来为中华民族所崇尚。中国传统文化是一种具有深厚耻感的文化，在处理人际关系上更是主张"谦恭礼让"。孔子提出"躬自厚而薄责于人""君子成人之美，不成人之恶"。春秋时期，管仲提出"仓廪实而知礼节，衣食足而知荣辱"的命题。他在《管子·牧民》中指出："国有四维，一维绝则倾，二维绝则危，三维绝则覆，四维绝则灭……何谓四维？一曰礼，二曰义，三曰廉，四曰耻。"他认为"礼、义、廉、耻"有着重要的作用，把荣辱观念同物质生活水平联系在一起，说明了文化生活同经济发展需求之间的密切关系，并将知耻荣辱提高到关系国家存亡的高度加以认识。这些知荣晓辱的道德格言，成为人们激励或约束自身行为的道德座右铭。

这些道德格言所反映的荣辱观虽然具有历史局限性，但是，经过扬弃，在今天仍然能够帮助人们进行道德修养、提高道德素质，同时对维护社会道德秩序和安全稳定发挥积极的作用。

在今天，弘扬中国传统美德，对加强社会主义新时代道德建设，具有重大的意义。社会主义荣辱观把个人的道德修养、价值培育与社会的道德诉求结合起来，使个体在社会生活中有所为、有所不为，坚持正确的价值取向，自觉抵制腐朽文化的侵蚀，为社会主义和谐文化的培育营造积极向上的道德氛围。

5.社会主义核心价值观

党的十八大报告在"加强社会主义核心价值体系建设"部分，对社会主义核心价值观做出了最新的概括，即是要在国家层面倡导"富强、民主、文明、和谐"，在社会层面"倡导自由、平等、公正、法治"，在公民个人层面倡导"爱国、敬业、诚信、友善"。社会主义核心价值观是社会主义核心价值体系的精神内核，是对社会主义核心价值体系核心内容和精神实质的高度凝练及抽象概括，集中体现出社会主义核心价值体系的根本目标和要求。从核心价值观这三个层面，可以发现深刻的中国传统文化根源。

在国家层面上，中国传统文化倡导"文明以止""中庸协和"，旨在内修文德以化成天下、诚意正心以致中和。有了文明与和谐的保障，便能将民生与德治相统一，诚信与富民相统一，为国家层面"富强、民主、文明、和谐"的社会主义核心价值观的培育提供借鉴。

在社会层面上，中国传统文化对"公正""平等"有独特的揭示。中国传统文化强调诚信，诚信在社会层面上具体化就放大为公正与平等，《论语》说："唯仁者能好人，能恶人"，仁者即是诚信之人，诚信之人能持守平允，弘扬公正。而"平等"在这里并非简单的齐同，中国传统文化主张"有教无类"，在财富分配和教育普及的基础上，根据社会实际以及个人才德殊异做出公正决断和合理分配。"自由"也需要诚信的保证才能确立。《中庸》指出，至诚之人，方能尽己之性、尽人之性、尽物之性，达到"与天地参"之天人合一的境界，从而让天地间的人与物各安其分，自由发展，达到真正的公正、自由、平等。最后将公正、自由、平等凝聚起来，就成为"法治"。孟子指出"徒善不足以为政、徒法不能以自行"，在社会层面上，应该让德治与法治得到双向促进与共同发展，以"法治"补充"德治"。不过，在中国传统文化中偏重于强调"德治"的引导，而相对忽略"法治"的落实，这点在我们今天的社会主义法治建设中，需要批判性的继承与转化。所以，中国传统文化对于社会层面的社会主义核心价值观"自由、平等、公正、法治"的培育，也有极大的促进和滋润作用。

在个人层面上，"爱国、敬业、诚信、友善"本来就是中国传统文化的内容。《孟子》云："诚者，天之道也；思诚者，人之道也。"诚信就是要持守和推行至善的德行。德的推行，自然地具备着仁和义。朱熹提出"仁主于爱""义主于敬"，"仁"体现为与人为善，爱护天地万物，美善风俗社群，义则体现为敬业乐群，专注事业。而爱国的价值观在中国传统文化中是一个经典永恒的话题，孟子的"乐以天下，忧以天下""仁民爱物"，岳飞的"精忠报国"，顾炎武的"天下兴亡，匹夫有责"等，都揭示出中国人民持守至善的德行，和推己及人、护爱家国的情怀。

社会主义核心价值观是国家倡导和推行，国人共同遵守的道德规范，中国传统文化与它的内在要求相一致，二者紧密联系在一起。中国传统文化融入高校德育教育，有利于大学生践行社会主义核心价值观。中国传统文化是中华民族最基本的文化基因，有利于抵抗西方国家对国人价值观的渗透，高校要用其诠释社会主义核心价值观，必须坚持理论和实践相联系的原则，将其与大学生的日常生活紧密联系在一起，坚持行胜于言，在落实、落细、落小上认真思考，使其贯穿于生活的方方面面。社会主义核心价值观中体现了中国传统文化中的价值追求，比如，修身、齐家、治国、平天下，这些都是社会主义核心价值观在个人层面、社会层面和国家层面的要求。

中国传统文化还强调"君子喻于义""言必信，行必果""大道之行也，天下为公"等，这些具有显著民族特色的思想和观念与社会主义核心价值观的内容相一致，对国人的道德思想和行为方式有所启示，高校要充分运用其中的道德资源，将其精华融入高校德育教育当中，创设有利于传承和弘扬中国传统文化的校园氛围。

理想信念存在于高校学生的深层意识中。中国传统文化指引高校学生主动把理想信念融入中华民族的共同理想中，为社会主义建设事业奉献青春、建功立业。爱国主义是中国传统文化精神的核心，是对祖国、人民的忠贞热爱的表现。大学生在全面认识国情的基础上，增强自身对理想信念与爱国主义的认同感。大学生学习社会发展史，做到理论与实践相结合，在社会实践中增强自身的公民意识、奉献意识。

培育与践行社会主义核心价值观需要与爱国主义联系起来，一方面需要传承中国传统文化，使爱国主义内化于心；另一方面要不断反思、深化，在实际生活中将内化于心的社会主义核心价值观融入实际行动中。社会实践对高校大学生也是一种教育方式，可以增强大学生自身责任感，大学生通过社会实践教育可以有效培育和践行社会主义核心价值观。社会主义核心价值观要求高校学生将中国传统文化融进内心深处且践行在行动上。新时代大学生践行中国传统文化应从点点滴滴的小事做起，例如，大学生积极参加"三下乡"活动，保护当地生态环境，看望敬老院里的孤寡老人和因父母打工不能悉心照顾的留守儿童等。通过这些社会实践行为，将社会主义核心价值观在不知不觉当中内化于心外化于行，感受中国传统文化中社会主义核心价值观的内涵。

新一代大学生正处于心理与生理发展阶段，这一群体具有创造性，也是最具有前途和希望的群体。高校大学生的价值观取向是否正确关系到大学生的未来发展。大学生应从自身做起，将社会主义核心主义价值观外化于行，提升自身综合素养，努力成为建设社会主义事业的可靠接班人，不驰于空想、不骛于虚声，为实现中华民族伟大复兴的中国梦贡献力量。

中国传统文化源远流长，为中华民族保持凝聚力做出了重要的贡献。社会主义核心价值观的三个层面通过借鉴中国传统文化的优秀价值观念，形成一个有机的整体，为全党全国各族人民团结奋斗打下牢固的思想道德基础，形成全民族奋发向上的精神力量和团结和睦的精神纽带，并且为社会主义和谐社会的构建提供重要保证。

（二）构建高校德育教育体系

中国传统文化有助于我国大学德育教育体系的构建。中国传统文化是一种崇德型文化，蕴含着深厚的德育资源。中国传统文化中的许多教育观念、道德规范为新时期德育教育的目标、内容、原则和方法提供了良好的借鉴。中国传统文化主张先行德育，后行智育，以德教为先的教育理念。

①中国传统文化对人格的追求是德育教育的基本目标。孔子说："三军可夺帅也，匹夫不可夺志也。"这句话强调人应该具有独立人格。孟子说："富贵不能淫，贫贱不能移，威武不能屈，此之谓大丈夫。"这句话提倡崇高人格。

②中国传统文化对整体观念的培养是德育教育的重要内容。中国传统文化追求"天人合一"的自然观念、恪守"自强宽厚"的民族精神、信奉群体至上的国家意识、秉持"和而不同"的社会人际关系、强调"内圣外王"的人生取向等，这些关于自然、民族、国家、社会和人生问题的思想，不仅赋予中国传统文化团结向上的价值取向，而且给德育教育提供了丰富的教育资源。

③中国传统文化注重言传身教，形成了许多具有操作性的思想道德教育原则。一是身正为范的原则。孔子说："其身正，不令而行；其身不正，虽令不从。"教育者自身的榜样力量和示范效应是非常重要的因素。二是因材施教的原则。在中国传统道德教育历史悠远，孔子在总结前人和自己教育经验的基础上提出了"因材施教"的思想。孔子、孟子根据学生的特点和生长环境，分别对学生施以不同的教育。三是循序渐进的原则。明代思想家王守仁撰写《教约》对传统道德教育程序进行了规定，使受教育者的道德认识和行为能够逐渐深化、不断完善。

④中国传统文化强调知行合一的理念是德育教育的方法。孔子在对弟子的教育中强调学思并举，并提出"学而不思则罔，思而不学则殆"。儒家道德教育表现出强烈的理性实践精神。孔子认为行是德的表现，行重于言，言行一致。孔子注重"言必信，行必果""听其言观其行"，要求做到"君子耻其言而过其行"。作为心学创始人，王守仁认为致知之，必在于行。在传统道德实践中，无论是学思结合，还是身体力行，最终的目标都是追求"慎独"的理想道德境界。"慎独"是以"克己"的形态表现出来的。孔子认为人如果做到"克己复礼"，便能成就"仁人"社会理想道德人格。

总之，中国传统文化精神中蕴含的丰厚的哲学思想、人文精神、道德理念和教化思想等，蕴藏着解决大学生面临的难题的重要启示，为新时期大学生德育教育工作提供了重要内容和有效方法，有助于我国德育教育体系的构建。

（三）构建社会主义和谐社会

古代的中国是农业型的国家，中国古代人对"天"即自然的认识经过了从

139

害怕自然，到崇尚自然，再到人与自然和谐相处的过程，即形成了中国传统文化中的"天人合一"思想。

在古代思想百花齐放的春秋战国时期，各个学派都形成了自己的"天人观"。墨子提出了"天人合一"这一思想的主脉。《孟子·梁惠王上》："不违农时，谷不可胜食也；数罟不入洿池，鱼鳖不可胜食也；斧斤以时入山林，材木不可胜用也。谷与鱼鳖不可胜食，材木不可胜用，是使民养生丧死无憾也。"这段话描述了人在利用自然、改造自然的同时，要做到有节制的开发，这样才能与自然和谐相处。荀子的《天论》"天行有常，不为尧存，不为桀亡""天有其时，地有其财，人有其治，夫是之谓能参""故水旱未至而饥，寒暑未薄而疾，祅怪未至而凶。受时与治世同，而殃祸与治世异，不可以怨天，其道然也。故明于天人之分，则可谓至人矣"，就是论述天人之间的关系。荀子指出，自然的运行是有规律的，它无所偏袒，顺应这个规律就吉祥，违背它就有灾祸。这些思想与马克思主义的辩证唯物主义相一致，马克思主义认为物质具有客观性，事物又具有规律性，而规律又是客观的，要发挥人的主观能动性来改造自然，就必须尊重客观规律，按规律办事。

和谐不仅是我国构建社会主义精神文明建设的核心思想，而且也是中国传统文化的根本精神。"天人合一"的"天"代表的是自然、上天，有着神秘性和不可抗性，"人"代表的就是劳动群众，"天人合一"就是人与自然和谐相处，和当今时代我们倡导的建设和谐社会具有一致性。

和谐是中国传统文化的思想精髓和价值观念的最高原则，构建和谐社会是中国传统文化"中庸和谐"基本精神的价值体现。这种"中和"的精神使中华文明历久不衰，并显示出自身强大的生命力和超越民族界限与国家界限的价值。

社会和谐是中国特色社会主义的本质属性，构建社会主义和谐社会将会是建设中国特色社会主义事业的永恒话题。在建设中国特色社会主义的道路上，我们党充分弘扬了中国传统文化中的"中和文化"。这不仅体现在治国理政的观念上，而且体现在改革开放以来国家的政策方针上。

例如，"以公有制为主体，多种所有制并存"的经济体制；"共产党领导、多党派合作，共产党执政、多党派参政"的政党制度；"长期共存、互相监督、肝胆相照、荣辱与共"的政治协商制度；促进各民族平等团结，实现各民族共同发展、共同繁荣的民族政策；"一国两制、和平统一"的重大举措；"加强国际合作、促进共同发展的和平共处原则"的外交政策；等等。自改革开放以来，我们党始终沿着中国特色社会主义道路前进，领导国家走向繁荣富强，明确构建和谐社会的战略目标。

当然，弘扬"中和文化"，不是复兴国学，而是弘扬国学；不是复古，而是古为今用。"和谐"不是文化的分类，它作为一种思想渗透在文化当中，蕴含了互利互惠、共同发展的价值取向。我们可以轻易在中国传统文化中找到蕴含和谐思想的文明痕迹。《尚书》中记载"百姓昭明，协和万邦"，《孟子》提出"老吾老以及人之老，幼吾幼以及人之幼"。故宫的核心建筑群太和殿、中和殿与保和殿三大殿也昭示着"和"的内蕴。太和，是天地之和，人与自然的和谐；中和，是中庸之道，人际关系的和谐；保和，是通过个人的修身养性来达到身心的和谐。中国传统文化的"和谐"思想贯穿中华民族发展的整个历史，和谐文化是中国传统文化的精髓。

新的时代背景下，我们提出的构建和谐社会，有着新的时代内涵。社会主义和谐社会可以概括为人与人、人与社会、人与自然相和谐的社会，和谐社会的基本特征有六个，分别是民主法治、公平正义、诚信友爱、充满活力、安定有序、人与自然和谐相处。社会主义和谐社会的这些基本特征是相互联系、相互作用的，是对和谐文化的全面把握和体现。

构建和谐社会，经济是基础，政治是保障，文化是灵魂。当今世界，综合国力的竞争越演越激烈。虽然和平发展仍是主流，但是，"强权政治""霸权主义"横行，世界很不安宁。总之，世界问题甚多。法国政治家拉法兰说，现在世界危机四伏，恐怖主义肆行，能够挽救世界的，正是中国这种古老的和谐文化精神。中国倡导和谐发展，对内构建和谐社会、对外倡导人类命运共同体，这种愿望和努力得到了全世界人民的赞赏，顺乎时代潮流，合乎世界人心。人们理解了目标的正确和崇高就不会畏惧道路的艰辛和漫长。虽然任重而道远，但是，我们不畏艰辛，"和谐"当是全人类的共同期望。大力弘扬传统"中和文化"，有助于协调社会关系，化解社会矛盾，维护社会稳定，有助于构建社会主义和谐社会，有助于建设中国特色社会主义，更有助于世界和平发展。

（四）构建大学生德育体系

1. 增强大学生的文化自信

随着国家间的文化交流日益频繁，各种外来思想涌入中国，进一步增强文化自信，保持我国文化的独特魅力，是提升国家软实力、掌握世界话语权的重要战略。高校德育教育工作的内生动力和力量源泉是与中国传统文化的创新发

中国传统文化与高校德育教育研究

展分不开的。高校是弘扬、传播中国传统文化的主阵地，要通过多种途径，加强大学生对中国传统文化的认同感，进一步增强他们的文化自信。

大学生在中国传统文化的认知和将其转化为实践的过程中，要形成自己的批判性思维，用中国传统文化去阐释世界，分析中国的热点问题。当代大学生要自觉承担起传承中国传统文化的重任，在参与课堂讨论、参加校园活动、进行马克思主义理论宣讲、进行社会调研等社会实践活动、生活中发表个人见解时，要注重挖掘中国传统文化，要坚持传播中国故事、持续展现中国精神、不断形成中国思维，提升国家的国际地位，让中国传统文化在世界丛林中繁茂生长。

2. 开启大学生的智慧和原创精神

儒家学说是一门协调人与自然、人与人的关系的学问，是中国传统文化的一颗明珠。自人类产生开始，人与自然、人与人之间的矛盾也就出现了，在这个问题上，儒学强调仁爱、和谐、秩序，提出了"天人合一"的价值观念。中国的思想家和哲学家大多强调内心平和与内心修养，他们追求与天地万物协调共存，而不是强调对立和征服。当今人类社会面对生存、能源、环境等一系列难题的困扰，"天人合一"的思想对解决这些问题具有现实的指导意义。历史已经证明，"天人合一"思想是极富远见的，这种思想在任何时候，对大学生的学习、生活都具有长久的指导意义，都能启迪大学生的智慧。

3. 提升大学生的思想道德素养

习近平总书记勉励大学生，"青年要把正确的道德认知、自觉的道德养成、积极的道德实践紧密结合起来""不断修身立德，打牢道德根基，在人生道路上走得更正、走得更远。"德育工作的重中之重是"立德"，中国传统文化蕴含道德修养学问，将其融入德育教育中，能够为解决部分大学生素质不高、理想信念不坚定、精神空虚等问题提供思路，为提升大学生的自立、自强、自信催生动力。

中国传统文化包含着丰富的道德育人思想，其主流是儒家思想，它重视人格的完善，强调达到"内圣外王"和"止于至善"的境界，主张尊重人的尊严和价值。曾子说："士不可以不弘毅，任重而道远"。曾子主张人要追求崇高的精神境界，他认为人应该把"君子"作为目标，君子应该内外兼修、正心诚意、严于律己、与人为善、言行一致、廉洁自律、追求崇高。曾子注重自身的内心修养和改变力量的发挥，提出"忠""信""习"，所谓"三省吾身"。他尽礼守约，往往注重一些常人认为微不足道的事情。他指出"贵乎道者有三"，即"动容貌""正颜色""出辞气"，即容貌严肃端正，脸色应当庄重严肃，注意

142

自身言语口气，即使这样的生活小事，也是君子修道之要。这表明，道德修行在于个人，每个人从思想和行动上要记住做人之本。孟子提倡"富贵不能淫，贫贱不能移，威武不能屈"的大丈夫人格，同时他在道德上主张要有"至刚至大"的浩然之气。这些经典的儒家思想都要求追求崇高的精神，树立品格修养，历经世事变换，这些也成为塑造中国人民品格，增强中国人民修养的重要指导精神。而追求崇高人格修养，有助于增强大学生的品德修养，完善其道德人格。

当前社会竞争激烈，面对各种诱惑和选择，一些大学生会迷失困惑，对金钱过度追求而忽略了内在原则和底线。如何保持清醒，不随波逐流，做到精神上的自省，提升个人素养成为重要问题。特别是近年来社会上不时出现诚信问题、伦理问题、信仰问题、教育问题等，这些问题时常成为社会关注的焦点。因此，全面提升公民个人素养成为实现中国梦的重要前提和其他工作顺利开展的重要保障。面对开放的价值观环境和多元的价值观选择，我们该何去何从？尤其是大学生尚未形成独立的判断，易受误导，如何引导他们，引导他们成为什么样的人，需要我们德育教育工作者进一步的思考。而我们必须要有所凭借和依托，中国传统文化就成为我们的必然选择。

新时代，大学生的道德思想与价值观取向直接影响着他们未来的行为方向和社会发展的高度。大学教育的职责包括树立、弘扬先进的思想理念和社会精神。发挥社会主义核心价值观对高校培养人才以及创建精神文明校园的引领作用。高校中的校园标语、校训、校园风气等都是学校价值观的再现。

（五）建设中国特色社会主义市场经济

当今世界正处在大发展大变革、大调整时期，文化与经济、政治等相互交融，日益成为社会经济发展的重要战略资源；国与国之间综合国力的激烈竞争日益聚焦于以文化为核心的软实力的竞争。中国的文化软实力以中国传统文化为基础，充分运用中国传统文化的底蕴，向世界展示"中国品格"。当今时代，中国传统文化以其灿烂的思想精髓和宝贵的文化底蕴，为我们的市场经济建设和文化发展提供了得天独厚的基础。

中国传统文化讲求"天人合一"，有着丰富的价值哲学。将中国传统文化和市场经济结合在一起，恰好弥补了欧美文化影响下纯粹市场经济机体的不足，有利于市场经济的逐步完善。在市场经济建设进程中，弘扬中国传统文化与发展市场经济相结合，通过经济基础与上层建筑的相互作用，不仅可以实现中国传统文化的创新，将中国传统文化中的优秀成果发扬光大，形成中国特色社会主义先进文化体系，更重要的是，能促进中国特色社会主义市场经济的发展。

中国传统文化中"自强不息"的奋斗精神、"以人为本"的人文思想，以及兵法谋略战略思想等，在今天成了发展中国特色社会主义市场经济的精神宝库。中国的经济建设正是以一种自强不息的精神突飞猛进，才使得中国一跃成为世界第二大经济体。市场经济是一种知识经济，市场竞争归根结底，是人才的竞争。在现代社会，随着信息知识时代浪潮的席卷，人才已经成为激烈市场竞争中的关键性因素。优秀人才是企业重要的战略资源，对企业获取生存空间和发展壮大，至关重要。合理运用中国传统文化中的优秀价值理念，对于有效提高企业的经济效益，增强市场经济条件下企业的竞争力，有巨大意义。弘扬中国传统文化"以人为本"的思想观念，解放思想，尊重人才、培养人才和服务人才，实现人的自由全面发展，将"以人为本"的思想融入企业的精神，才能更好地促进企业全面、协调、可持续发展。孙子兵法的谋略思想、三国演义的战略思维，在市场经济竞争中被越来越多的企业家广泛运用，也被众多海外经营管理者奉为至宝。

中国特色社会主义市场经济应是一种健康文明的市场经济，在今天弘扬中国传统文化"诚实守信"的思想，促进我国社会主义市场经济良性健康发展，显得尤为重要。市场经济是一种契约经济，诚实守信是经济活动的行为准则。中国传统文化倡导诚实守信，为培育社会主义市场经济活动中的"诚信"意识精神服务。"诚意正心"是传统思想关于修养的最基本要求，这同样适用于企业的经营和管理。一个企业想要在市场竞争中保持自己的生命力和良性运转，首先要有诚信。有了诚信经营的态度，如假包换的产品和童叟无欺的价格，才能赢得消费者的青睐和尊重，才能不断发展和扩大。各行各业，诚信是行为的根本。以诚信作为自身的行为准则和道德规范，市场经济运作才会秩序井然，保持良性循环。

中国传统文化中勤俭节约的优良传统，在社会主义经济建设中依然发挥着积极的作用。弘扬中国传统文化"勤俭节约"的精神，有助于增加储蓄量和积累资本，便于扩大再生产，有利于经济的长足发展。中华民族历来崇尚勤俭美德。《尚书》指出"克勤于邦，克俭于家"；《墨子》提出"俭节则昌，淫佚则亡"；《资治通鉴》卷中也记有"取之有度，用之有节，则常足"之说；等等。在发展循环经济、建设资源节约型社会的今天，更应大力弘扬中国传统文化中勤俭节约的美德。鼓励人民高消费，片面地夸大"消费"的经济意义，并不能真正刺激社会需求，促进市场经济健康发展。

弘扬中国传统文化和谐思想，能够为我国的社会主义市场经济建设提供和谐稳定的社会环境、自然环境与和谐的人际关系。在今天中国发扬传统文化中"和"的精神，使之服务于社会主义市场经济建设，有着重要的意义。因为在市场经济发展过程中，根源于中国传统文化的道德体系始终作为行为标杆规范着市场经济活动，让人们在追求经济效益的同时正确处理好各行为主体之间的利益，实现公平竞争、健康发展。

在我国，坚持以公有制为主体、多种所有制经济共同发展的经济制度，坚持以按劳分配为主、多种分配方式并存的分配制度，皆体现出社会主义共同富裕的最终要求，为和谐稳定的社会环境构建起到巨大的作用。同时应强调人与自然之间的和谐，经济的发展决不能以破坏环境为代价，应该尊重自然的规律，实行绿色发展。再者，和谐的人际关系可以提高生产效率，增加企业的利润，并消除一定的社会矛盾，为经济的发展提供安定的社会环境，所以，人际和谐是一种无形的财富。随着我国市场经济体制的不断发展完善，各行各业之间的竞争越来越激烈，企业在注重生产力提高的同时，必须注重员工的个人性格、能力等方面的差异带来的各种矛盾问题，努力促成一种和谐的人际关系，促进员工的全面发展，保障企业顺利健康发展。所以，和谐发展、合作共赢，是发展社会主义市场经济的重要法则。

三、中国传统文化与高校德育教育融合的应用价值

中国传统文化与大学生德育教育融合有利于培养爱国主义情感、树立远大的理想，培养勤奋学习、自强不息的高尚情操，培养正确的道德价值观，培养团结协作精神。同时也具有重要应用价值，在认清基本国情的基础上放眼世界，铸牢德育教育的核心价值，提升文化品格和道德素质，建设校园文化和精神文明，滋养文化自信和凝铸文化强国，助推大学生的职业道德和责任感。

(一) 在认清基本国情的基础上放眼世界

中国传统文化中蕴含有独具民族特色的德育教育价值，对当代高校德育教育有复合多元的积极意义和宝贵价值，为高校德育教育的学理研究和教育实践提出了新的使命任务、创造了新的发展机遇。中国传统文化的土壤上应该生长起德育教育的芽苗，二者的同构融合才能彰显现代思想的时代价值特质，从而为切实可行的价值应用路径寻踪觅迹。

认清国情是德育教育赖以进行的前提，是教育者向教育对象传授国家情况的基本知识、分析认识国家形势，使教育对象树立正确的国情观的基本过程。

毛泽东曾指出国情教育的极端重要性，他认为认清中国社会的性质，就是说，认清中国的国情，乃是认清一切革命问题的基本的依据。在革命时期，对国情的深刻把握使中国共产党取得了革命的伟大胜利，而当前进入物质丰饶的市场经济时代，人们在追求舒适的物质享受时，对中国历史传统的了解和认知却存在很大不足。国情教育的旁落和销蚀，啃噬中国文化的根茎。高校教育正面临着中国传统文化教育和传承断档的严峻形势。青年学生如果不了解自己的国家，其文化自信、政治意识、国家品格、价值观念等都会逐渐消失殆尽，文化教育也将被"边缘化"而成为思想的荒漠。高校德育教育就是要廓清社会逐利浪潮的思想矛盾，提高大学生在思想纷争中辨别是非的能力，扫清他们价值观形成道路上的思想戕害，帮助他们树立正确的是非观，为他们指明正确的思想方向，成为他们思想成长和品德形成的一道坚固防线。

中国传统文化具有稳定的共同精神、思想状态和价值取向，具有优良的德育教育功能。它不仅以汉字、史书典籍等客观形式表现，更以在长期历史中沉淀而成的民族意识的主观形式存在。我们要看到中国传统文化在当今依然能给予人以有益的思想启迪和思想借鉴，其丰盈的教育价值和社会价值彰明较著。高校德育教育应厚植于中华民族的文化土壤，充分吸收优良传统的阳光，在现实教育的基础上朝历史教育积极发力，继承与发展中国传统文化内容，充分挖掘中国传统文化的意义价值，切实增强当代高校学生对国家基本情况的知晓，以利于他们作为新时代人才更好地看懂中国、走向世界，积极投身到"一带一路"倡议下的国际合作与交流的大浪潮中，努力打开现代化的国际新视野。

随着时代的飞速发展，我们不难发现近代以来，我们的传统文化在国内受到了一定的否定和批判，尤为明显的是孔孟文化。晚清时期开始，新式学堂建立的很多都是将孔庙改为学堂。全国原有多座孔庙，而现在大部分早已化为尘埃。这是一种非常不好的信号，我们都应该明白我们古代先贤修建这些传统文化建筑的目的是让我们铭记历史和优秀传统文化。

因此，如今我们国家深刻体会到修建传统文化建筑的重要性，在各种文件和重要讲话中多次强调了保护我国传统文化建筑和提高国民传统文化素养的重要性，也在各种行动中对此展开了实践。

国家倡导这些活动的真正目的是将这种优秀的传统文化在人们心中修建起来，让我们具有很高的民族文化自信心和凝聚力。而要达到这一目标的前提是我们国民的传统文化素养有了一定的高度，因而我们就必须从各个方面加强自身对传统文化的学习，并保护和修缮中国传统文化建筑。这样当我们心中拥有了高度的民族文化自信心和凝聚力，我们就能很自然地将我国传统文化的旗帜插遍全世界，达到将中国传统文化发扬光大。

"学而优则创"是部分大学教育的思想理念，这一理念对于文化的弘扬也具有一定的指导意义。"文化优而创"则是可以作为我们民族的传统文化走向世界的导向，因为文化作为一个国家的软实力，只有我们民族的传统文化在世界站稳脚跟，才使我国提出的"文化走出去"的目标变为现实。我们都知道现如今我们的年轻人个性突出，有个人英雄主义和自由主义的思想，这正是西方文化通过电影以及互联网向我国渗透所造成的。

现在我们国家的发展也有了很大进步，如何提升我国在世界的影响力，让我们的传统文化走出去是至关重要的一步。如何走出去，需要创新的模式，如果仅仅是理论上的传教是无趣的也是人们不愿接受的。而将文化与商业模式和产业链结合起来，将传统文化商业化、产业化以及市场化作为文化走出去的运作方式，形成以客观事物为主体的中国传统文化走出去新模式是未来的趋势。例如，如今我们把孔子学堂开遍许多国家就是这一种思想理念的体现，以文化为内涵、教育事业为载体将我们的孔孟思想远播海外。

（二）铸牢德育教育的核心价值

中国传统文化讲究人之伦理，进而推及人之事理、社会之机理、宇宙之道理，最终汇集形成"天人合一"的伦理特质。在中国传统文化中，对于人伦的传统探究是理韵之基，因此，对人伦的现代探究，即思想道德和价值观念的意识形态伦理建设，是当代德育教育的重要部分。中国传统文化不仅让中国人民打开了智慧之"眼"，瞻仰来自远古的光辉历史文明和深厚的文化底蕴，而且它还形成了深远持久的优良传统，为思想道德建设和核心价值内塑供给了丰富系统的内容，是高校德育教育思想和价值体系建设的基础。

在中国传统思想中，常常将个人的伦理道德与国家的政治意志主张契合为统一体，形成由微观到宏观的社会思想道德运行体系。社会主义核心价值观的确立把中国优秀传统伦理德性品格应用于现代社会共同的德育教育体系之中，分别标定了国家坐标、社会坐标和个人坐标，三维立体构型的价值共同体包含社会思想道德建设的方方面面，是对中国传统文化内蕴思想道德价值的承继和创新。社会主义核心价值观从普通个人的修养小原则上升到经国之道的治理大道理，正是高校学生应努力追求的从生活自理到社会自立，再到国家自强的德育境界。

高校教育肩负着培养适应现代科技产业发展、具有综合职业技能、在生产和服务工作一线的高素质劳动者的重要使命，是我国高等教育的重要组成部分。在新时代的社会发展条件下，高校德育要加强思想道德建设，培养学生的社会主义道德原则和职业道德，用中国传统美德促进和推动大学生形成高尚的职业道德情操，将敬业奉献、精益求精、自信专注、务实创新的劳动精神和工匠精神培植于学生心中，让学生将实现自身价值与服务人民结合起来，成长为祖国未来的技能人才。

（三）融合学科核心素养

中华优秀传统道德教育与政治认同、科学精神、法治意识、公共参与等学科核心素养的融合。中国传统文化中有许多值得当今社会借鉴的优质思想理念，如儒家"不患寡而患不均，不患贫而患不安"中所包含的经济平等思想；孔子"己欲立而立人，己欲达而达人""己所不欲，勿施于人"和墨家"兼爱"思想中包含的人格平等思想；法家"刑过不辟大臣""王子犯法，与庶民同罪"的法律面前人人平等思想；戴圣在《礼记·礼运篇》中提出，"大道之行也，天下为公，选贤与能，讲信修睦，故人不独亲其亲，不独子其子，使老有所终，壮有所用，幼有所长，鳏寡孤独废疾者，皆有所养……是谓大同"，其所包含的经济平等、社会平等和政治平等思想；朱熹"自天子至于庶人，无一人之不学。"包含的教育平等理想；管仲"以公正论，以法制断"制定的坚持公平正义、依法办事的标准；孟子在《孟子·离娄上》中提出"徒善不足以为政，徒法不能以自行"，表明只有善政与法令结合，国家才会正常有序的思想等。这些中华优秀传统道德教育思想理念无疑对当代的教育事业具有重要的价值，尤其是当代德育教育提出的政治认同、科学精神、法治意识、公共参与的学科核心素养更是与这些传统思想如公平正义、平等、法治、团结等有着共同本质内涵。

因此，立足当下的德育教育事业，将中华优秀传统道德教育与政治认同、科学精神、法治意识、公共参与的学科核心素养融合，形成新时期具有中国特色的德育教育思想理念。这样我们就可以教育出符合当代社会背景的人才，为我国社会的建设提供最强大的支撑。

同时在当今这个世界文化频繁交流的趋势下，将中华优秀传统道德教育与政治认同、科学精神、法治意识、公共参与等学科核心素养融合在一起，有助于我们在文化效时不丢失自身文化的特色和本质，并对其他国家文化去其糟粕、取其精华融入我们的文化理念中，使我们中华民族的文化有一个质的飞跃。

并且这种融合的理念也是我们文化走向世界的一个重要支撑，是我们传承和弘扬中国传统文化构建最有效的途径。任何国家的发展都是从过去走向现在的过程，因此传统不能丢，我们有优秀的文化资源和道德资源，这些资源更不能丢，同时任何国家的创新和发展都离不开核心价值观的巩固、发展和创新。

因此，进行中华传统道德教育的创新研究，有利于通过开发传统道德教育资源来为新时代的社会主义核心价值观的教育提供养料，就是要实现中华优秀传统道德教育与中国特色社会主义核心价值观的结合。而将中华优秀传统道德教育与政治认同、科学精神、法治意识、公共参与学科核心素养的融合，便是至关重要的模式之一，需要我们现代社会成员的共同努力。

（四）提升道德素质和人文素养

中国传统文化的伦理道德精神内容丰富，主要包括了整体主义、道义主义、克己主义等，逐渐形成了中华民族博大宽容的气度和民族精神。孔子主张"君子和而不同"的和合精神，同时还认为应该"均无贫，和无寡，安无倾"，强调的是社会的整体和谐；孟子认为"天时不如地利，地利不如人和"，强调了"人和"的重要意义，认为"人和"是成功的首要因素；荀子认为"群居和一""和则一，一则多力，多力则强，强则胜物"，表达的是希望大家可以同心同德、团结协作，从而实现国富民强，推动社会进步发展。这些都是整体主义的集中体现，这种团结协作的整体主义思想是中华民族仁厚、宽容、博大的胸怀形成的根基。学习弘扬这些思想，对克服极端个人主义思想，培养集体主义精神意义重大。

"君子义以为质""君子义以为上"，孔子认为高尚的道德品质和情操，是君子所应具备的为人处事坚持道义至上的原则，他还提出道德的自我完善应该是人生价值的第一取向，指出做人的基本德性是"智、仁、勇"。孟子继承并发展了这一观点，提出"仁、义、礼、智"。这些思想都是以"仁"为核心的，所谓仁，就是爱人，做到对他人的关心和尊重。这一点，放在当下仍有非常重要的意义。

《易经》中说道，"谦谦君子，用涉大川"，认为君子如果能始终保持谦虚，即便遇到再大的艰险也不能影响他们最终取得重大成就。孔子指出"克己复礼为仁"，老子则认为作为人类行为所依循的"道"，应致虚守静，强调慈、俭、朴等，这些思想表现了中华民族崇尚克己、谦虚的美德，对于莘莘学子在学业上专心攻读，在生活上勤俭节约均有裨益。

在学生接受高等教育的过程中，如何处理好道德品质培养和科学文化知识学习的关系至关重要，现在部分大学生存在科学知识丰富而道德素养低下的情况，存在贪图享乐、自我意识膨胀、国家和集体观念不强等问题。大学生首先应该学会做人，然后才是学习科学文化知识。我国古代先人就特别重视文人的自我修养，主张个人通过自身完成道德修行，对于这一点儒家学说提倡的最多，他们特别重视自我学习和提高，重视知识和品德的积累培养，而且特别注重自我的省察。正如圣人先哲所说的那样，"夫师，以身为正仪而贵自安者也""其身正，不令而行；其身不正，虽令不从"。还有如孔子所说的"学而不厌，诲人不倦""见贤思齐焉，见不贤而内自省也"等更是大家耳熟能详的名句。从上述先贤的论述中，我们不难看出古代的德育中自我修行是十分重要的，透过知识的积累，还有对自我不断的深省，从而不断完善自身人格。中国传统文化融入高校德育，从古代圣贤的先进事迹中探索出其中蕴含的思想道德观念，使大学生被他们优秀的道德品质所感染，提高自身的道德素养，努力学习科学文化知识，使大学生的道德素养和科学素养完美结合，使大学生成为品学兼优的为社会所用的人才。

总之，中国传统文化的精髓是人文精神与科学精神融合统一的中华民族精神，概括起来主要是"究天人之际"的探索精神，"自强不息"的进取精神，"经世济民"的责任精神，"和而不同"的和合精神等，这些精神是培养学生人文精神和科学精神的宝贵财富。对青年学生进行中国传统文化教育是德育教育的重要内容。在经济全球化的时代背景下，将中国传统文化作为研究对象，切实将其继承、弘扬和融贯到德育中，是提高德育工作的科学性和有效性的新路径。

（五）建设校园文化和精神文明

一个民族的传统文化是本民族在特定的历史条件下创造的，表现为与其他民族文化有着本质区别的独特文化。学校作为中国传统文化宣传和教育的主要阵地，承担着尊重和保护民族优秀传统文化的任务，校园文化作为重要的文化传播途径，通过中国传统文化融入校园文化的活动，展示中华民族的多元文化要素，宣传民族风情，增进民族文化交流，让学生体验民族文化魅力。传统民族文化传递出来的价值文明理念，深深地激发高校学生的历史自豪感，影响着高校学生的生活、学习乃至未来工作的行为举止。

一方面，中国传统文化融入校园文化可以更好地丰富学生的文化生活，指导学生的文化舆论导向，帮助他们净化心灵，自觉远离腐朽和低俗文化，专心致志发展兴趣和技能，推促学生能力的综合提升。

另一方面，中国传统文化为蕴蓄厚实的校园文化底蕴、树立优良的治学治校教育理念创设机遇，将中国传统文化之"源"引流至校园文化之"河"，能促进学校良好学习风气的建立，提高校校园文化水平。

中华民族的文明灯火在经历过风起云涌的历史年代后，仍能重整旗鼓，锻造出属于自己的精神文明和精神愿景，仍能屹立于世界文化之林，离不开中国传统文化的精神滋养，离不开民族精神的喷涌爆发。

中华文明之火历经沧桑，却也薪火相传、连绵不断，创造出无与伦比的伟大文明奇迹。这个奇迹与中国传统文化顽强的生命发展息息相关，社会主义精神文明作为中华民族文明发展的崭新阶段，是以历史演变进程中累积的文明成果为前提，中国传统文化与社会主义精神文明紧密嵌合，无法割开。中国传统文化时刻影响着高校学生对待道德、价值、政治问题的态度以及由此所做出的行为选择，它不仅影响着青年学生心灵状态的健康发展和辩证平衡，更构成了一个民族在一定社会发展形态下精神文明的重要内容。

（六）滋养文化自信和凝铸文化强国

中国特色社会主义文化自信，是对中国传统文化发展价值的充足肯定和对自身文化软实力扬升的坚定信念，这种自信在很大程度上来自优秀的中国传统文化。习近平曾指出，"中国特色社会主义文化，源自于中华民族五千多年文明历史所孕育的中华传统文化，熔铸于党领导人民在革命、建设、改革中创造的革命文化和社会主义先进文化，植根于中国特色社会主义伟大实践。"中国传统文化独一无二的气度和神韵，增加了中国人民和中华民族内心深处的自信潜力和自信优势，显示出中国智慧和中国主张深沉的精神标识，蕴含着涓涓不息的当代价值。

高校学生文化自信的思想供养，是实现中华民族文化自信的关键一环，其过程具有显著的教育性。随着知识和阅历的丰盛，高校学生对于文化的自主认知能力变强，心智成熟度变高，价值思考的系统性变好。在这一思想成熟时期，由于学习模式和重心向对接社会的工作需要偏移，高校学生必然会对自身现有价值观、世界观强化或重造，能够更深层地觉察自己的文化信仰系统，从而建立自己认同的文化价值形态。

因此，对尚未步入社会、价值观念尚不稳定的高校学生来说，文化自信的培养有一定的困难，通过挖掘中国传统文化的精神实质，树立学生的文化自信成为未来高校德育教育的重要引领和导向。未来中国特色社会主义建设者的文化自信，不应建立在狭隘的立场上，而应是在"不忘本来、吸收外来、面向世界"基础上蕴聚的自信胸怀上。

（七）助推职业道德和责任感

随着经济的发展，人口的增加，就业市场的竞争日益激烈，每年数以百万计的新增毕业生涌入就业市场。大学生就业心态不端正也会导致人力资源的浪费以及就业市场的混乱。因此，要通过中国传统文化端正大学生就业心态，助推大学生职业道德和责任感的提升。

"勤学敬业"中勤学在敬业之前，在进入社会工作之前，学习是每位大学生的本职工作，要想在社会上立足首先要在学校里勤奋学习自己的专业知识，练就熟练的专业技能，这样才谈得上日后在自己的工作岗位上尽心尽力，并养成良好的职业道德，而良好职业道德的养成始于端正的就业心态。当大学生踏入社会时，应懂得立足于社会的根本是个人诚信。

我国传统文化中将诚信作为"五常之本，百行之原"，并且我国传统文化中包含了大量的诚信经典、诚信榜样，将中国传统文化中的诚信观点融入高校德育中，有利于矫正大学生在求职中贪多求高，不脚踏实地的行为，有利于大学生规范求职信息，不弄虚作假，有利于大学生职业发展，树立他们的工作信心。

大学生社会责任感的强弱不仅关乎大学生自身品德的塑造和人格的形成，更关乎国家的未来和民族的兴旺。对于大学生来说，个人价值的实现是以自己对社会、国家的贡献来衡量的，国家的名誉和利益是与个人的名誉和利益息息相关、密切联系的，培养大学生的社会责任感更是当今和谐社会建设的时代要求与践行社会主义核心价值观的切实需要。

培养大学生的社会责任感也是高校德育工作的重要组成部分之一。我们必须认识到现如今的大学生社会责任感的培养效果还是有所欠缺的，部分学生依旧存在社会责任感淡薄的情况。高校德育的社会责任感培养工作不应只局限于课堂的教学和宣讲，更应该组织丰富多彩的课外活动加以宣传和渗透，这就需要借助于中国传统文化中关于社会责任感的相关知识，例如顾炎武提出的"天下兴亡，匹夫有责"的思想，就能应用于高校德育对大学生社会责任感培养的工作中，中国传统文化能够成为高校德育工作的润滑剂，推动高校德育工作更加有效率的开展。

　　中国传统文化强大的生命力、延续力和凝聚力源于中国传统的家庭观念。中国人重视"家庭"，重视个人对家庭的责任，一个对自己家庭有责任心的人更容易对自己的工作产生责任心，对社会产生责任心。

　　我国家庭美德中最重要的就是孝敬之道。由孝亲伦理产生的"爱"与"敬"更容易使个人衍生出其他美好品德，从而提升个人的道德水平。孝文化为高校德育提供了精神上的给养，从孝亲伦理出发的感恩教育更容易纯净学生的心灵，激起学生的共鸣，让死板、枯燥的德育课变得感情丰富，打动人心。我国孝文化提倡感恩，感恩正是高校德育的应有之义，孝文化还提高了感恩教育的实效性，通过弘扬传统孝文化有利于大学生的情感养成，也为社会尊老爱幼的风气提供了感情基础，让高校德育工作与社会实际紧密结合，提升了高校德育的实效性。

　　家庭美德的传承有利于提升社会稳定度，有利于增强家庭凝聚力，有利于增加大学生的个人竞争力，有利于优化个人价值观。且当代大学生在五年或者十年之后都会为人父母，实施感恩教育，传承家庭美德不仅教育了他们本身，而且也为他们养育下一代做好了情感上的铺垫，让他们日后成为更优秀、更有责任心的父母。

第五章 中国传统文化与高校德育教育融合的路径和发展趋势

在大学校园中，由于中国传统文化的缺失，使得高校德育工作变得教条僵化、难以服众，陷入了一种尴尬的境地。近些年来，基于国家的支持和引导，高校德育工作的现状有了一定的改观，但并没有做到彻底改变。因此，我们必须要重视大学校园里中国传统文化的弘扬和渗透，制定合理的对策，采取行之有效的措施，促使其与高校德育工作有机融合。本章分为中国传统文化与高校德育教育融合的路径、中国传统文化与高校德育教育融合的发展趋势两部分。主要包括增强大学生主动了解学习中国传统文化的自我意识、在高校德育的主阵地弘扬中国传统文化、注重坚持中国特色社会主义教学方向等内容。

第一节 中国传统文化与高校德育教育融合的路径

一、增强大学生主动了解学习中国传统文化的自我意识

文化作为一个民族的基本特征，折射出一个民族最本质的内涵，是一个民族生存和永续发展的精神动力和智力支持。作为国家重点培养的中国特色社会主义建设人才的大学生，有义务也有必要去主动了解和学习中国传统文化，面对复杂纷繁的文化冲击，只有对本民族的传统文化保有深深的热爱和坚定的信心才能够不被多元文化冲昏头脑，迷失前进的方向。

我们要建设的是中国特色社会主义，那么也就必然要以中国特色的传统文化为支撑，必须抵御住西方各种个人主义、消费主义思想的侵蚀，增强自己文化辨识的能力，坚定不移地去学习、感悟、应用中国传统文化中的积极因素，为自己的学习、生活和工作提供源源不断的动力。

自我意识是指主体对自身的认识。如我国著名心理学家潘菽主张"意识就是认识"。自我意识包括三个层次：主体对自己机体及其状态的认识；主体对自己肢体活动状态的认识；主体对自己的思维、情感、意志等心理活动的认识。自我意识是人的个性结构的重要组成部分，是个性结构的自我调节系统。由于动物（特别是高等动物）只有意识的萌芽，因而自我意识也是人区别于动物心理的重要标志之一。

简而言之，自我意识就是指一个人对自己的了解和认识。人是怎样认识自己的呢？也就是说，一个人是怎样把自己这个主体与客体区分开，并从主体与客体的相互关系中认识自己的行为表现、个性特征和道德品质的呢？自我意识形成的最主要的表现，一方面是个人依靠所积累的社会经验的支持来发展自我，另一方面是通过别人来认识自己的特点和品质。人必须把自己看成是一个社会的个体，一定集体里的个体，并从社会整体中把自己区分开来加以认识，而不是将与自己有关的各种信息简单地孤立地相加或综合起来。因为这样并不足以认识自己。这就是说，个体对自己的认识不能脱离现实生活的关系和影响。那么，人又是怎么认识到现实生活的关系并通过这些关系来认识自己的呢？这就涉及自我意识活动进行的整个过程。这个过程就是自我概念获得或形成的过程。正是基于这种理解，因此有的心理学家对自我意识的研究是定位在自我概念这个层面上进行的。

学习主动性是指推动学生积极、自主、持久地发生学习行为的内部动力系统及其功能，是指学生在主体意识的支配下，有目的地自觉自愿参与学习活动的内隐态度和行为倾向，不是被强制的、勉强的、被动的，而是自觉的、积极的、主动的。学习主动性一方面表现为学生作为学习主体对学习活动的主动参与，强调其自觉性和能动作用；另一方面表现为学生对学习动机、学习内容、学习方法、学习过程、学习结果、学习环境等方面主动做出选择、控制或调节的行为倾向。

上海市教育科学研究院普教所课题组研究指出，主动学习不等于自主学习，主动学习是自主学习的基础，是探究、合作学习或一切有意义的学习的前提，能使学生在发挥主动性的基础上不断由他主学习向自主学习转化。

王云海等研究指出，学习主动性是由学习内外部各种相关因素共同作用产生的，包括学习的需要、学习的愿望和兴趣、学习目标以及激励人和推动人去学习的内在动力，对学习起着唤醒、定向、选择、维持和调节的作用。

作为一名新时代的大学生，肩负着建设中国特色社会主义的重任，要竭尽全力为中华民族的伟大复兴贡献自己的一份力量，这就要求我们更加主动地去了解和学习中国传统文化。

首先，要从提高自身意识做起，主动了解和学习中国传统文化。正所谓，兴趣是最好的老师。要有意识地培养自己对于中国传统文化的兴趣，在日常学习中，要自觉注重有关中国传统文化方面的知识，在课余时间里可以阅读中国传统文化方面的相关书籍，积累有关中国传统文化方面的宝贵知识，多参与学校组织的相关讲座和社团活动。

其次，在了解和学习中国传统文化相关知识的基础上，也要主动把中国传统文化中的积极因素应用到日常生活中来，用中华优秀传统美德来规范自己的日常行为，努力践行社会主义核心价值观，不断完善自己的人格，塑造良好的品格。

最后，要有意识地担负起继承和弘扬中国传统文化的重任，在自己掌握和感悟中国传统文化的基础上，积极地向自己身边的家人、朋友宣传中国传统文化的基础知识和精神内涵，并且可以借助新媒体的形式，利用 QQ、微信、微博等新媒体工具，向大众有意识地弘扬中国传统文化中的积极因素。

二、在高校德育的主阵地弘扬中国传统文化

在这个强调文化自信的大时代的背景之下，我们必须认识到高校作为青年学生长期学习和生活的中心，它既是社会主义先进思想的传播阵地，也是促进大学生正确价值取向和高尚人格养成的主战场，加强中国传统文化与高校德育的融合，这就要求高校要将自身的优势充分发挥出来。

（一）在高校德育过程中融入中国传统文化的积极因素

中国传统文化作为世界文化的重要组成部分，其独特的文化魅力是中华民族之瑰宝所在。毛泽东同志在《新民主主义论》中曾经系统地阐明了对待中国传统文化的态度与继承方法，要求我们要不断取其精华，去其糟粕，学会辨识优秀文化，进而不断提升民族自豪感与自信心。中华优秀传统文化是中国灿烂文化遗产的重要组成部分，它是反映民族特征与面貌、塑造民族精神与品格的优秀文化。我国的优秀传统文化，作用于华夏民族五千余年的历史发展长河，在其中不断形成与发展，对于民族的传承、创新、发展、演进有着极大的助力作用，迄今仍具有重要价值的思想文化。它能反映中华文化的正确发展方向，

指导人们进行正确的社会实践，引导人们养成积极向上的处事心态。中华优秀传统文化能够增强人民的民族自豪感与民族自信心，它传承至今，仍具有强大的生命力，能够促进国家与社会的发展进步。

众所周知，中国传统文化是一种"德育至上"的德性文化，它的核心是围绕着如何培养人和培养什么样的人而展开的探索，这与高校所开设的思想政治教育课程在一定程度上也是相契合的，是有利于培养学生高尚道德情操的。因此，高校德育工作者应该转变传统的教育观念，在日常的教学和管理工作中尽可能多地用我国优秀的传统文化去陶冶大学生的情操，促进他们良好思想道德素质的养成，同时在提升民族自信心和自豪感的基础上，达到增强其民族认同感的作用。

首先，在高校的思想政治理论课教学中，更应努力应用中国传统文化中的积极和谐因素。这样不但可以帮助他们扩宽眼界，增长学识，树立正确的人生观和世界观，从而促进整个社会和谐、健康、有序的发展，而且有利于中国传统文化的传承和更新。

其次，要开展与高校德育目标相契合的、与中国传统文化相结合的、丰富多彩的课外实践活动。新时代的到来，也给新时期的高校德育工作带来了新的要求，如果抓住了这些要求并加以践行，那么就将是高校德育工作发展的新机遇，相反，如果没能顺应新时代的要求来调整德育方法，那么对高校德育工作将是一个巨大的挑战。在网络日益普及、思维日益活跃的今天，高校德育工作绝不能仅仅停留在传统的课堂教学中，更应该顺应新时代发展的需要，结合当地大学生的特点而展开。具体来说，就是要把课堂教学与课外实践结合起来，课外实践活动是课堂教学的延伸。我们要想使新时期的高校德育工作推陈出新，就必须利用好课外实践活动这一途径。比如，整合中国传统文化中的积极因素，开展与之相适应的德育主题实践活动，例如开展弘扬爱国主义精神的征文比赛、感动校园的道德标兵事迹的评选、传统美德故事的话剧演绎等活动，利用这些丰富多彩的课外实践活动来吸引大学生自觉主动地融入其中，使他们在锻炼了实践能力的同时，也受到中国传统文化的熏陶。高校可以展开多角度多层次的文化宣传活动，举办形式多样的课外活动，例如举办校内的"诗词大会""成语大会"等，增加传统文化学习的趣味性，让学生们在竞赛中领略到中国传统文化独特的美，向学生展示传统的风俗习惯以及手艺，鼓励学生多阅读中国传统文化作品，使青年学子对我国的传统文化有更深层次的认识和了解，促进大学生爱国精神与实践能力的全面提高。同时，也可以借助丰富多彩的大学社团活动，招收喜爱中国传统文化的大学生，定期举行形式多样的社团活动，例如传统文化知识广播、经典美文诵读等活动，也可以让学生们在课余时间里穿上汉服走上街头进行社会实践活动，让学生们在宣传中国传统文化的同时，也有一定的收获和感悟，让学生的思想道德水平也有所提升，从而在一定程度上提高高校德育工作的实效性。又如，可以聘请中国传统文化方面的专家教授走进校园，举办专题性的讲座。在讲座的选题上，可以事先经过问卷调查，分析归纳出当今大学生关注的问题，并依据这些大学生重点关注的问题展开宣讲。例如，儒家文化对当今大学生成长成才的积极作用、"以诚为本"的传统美德在当今市场经济活动中的有机渗透等。通过这些讲座和宣讲的开展，提高大学生对中国传统文化的兴趣和关注程度，为他们指明学习和生活前进的方向，也对他们的日常行为规范提出正确的期许，促进他们知识水平和思想道德水平的双重提高。再比如，在课堂教育和课外实践活动相结合的基础上，学校应尽可能地创造条件带领学生参观校史馆、博物馆以及其他历史遗迹。作为历经风霜而保存下来的历史遗迹，不仅能以其壮阔的景观吸引学生的兴趣，而且其背后往往蕴含着深厚的历史背景，有着感人至深的历史人物的事迹，能够起到加强大学生爱国主义教育的作用。所以，高校应该充分利用学生的课余时间或者寒暑假时间开展参观校史馆、历史博物馆或者红色旅游景点的社会实践活动。古语有云，读万卷书，行万里路。设身处地地感受中国传统文化留下来的历史遗迹，有利于大学生增加感悟，升华思想道德，以便增强其民族自信心和自豪感。

（二）调整和优化高校课程设置

所谓"设置"，按照《现代汉语词典》的解释，是指"设立，安放，安装。"其词性为动词，如设置专门机构，设置障碍等。

课程设置是教育研究者经常使用的词，不同的研究者对其理解不同。陈侠认为课程设置一般是指各级各类学校开设的教学科目和各科的教学时数。廖哲勋认为课程设置是指"一定学校的各种科目的设定和安排。"他进一步指出，以往人们把课程设置仅仅理解为学科课程的开设是不够全面的，课程设置包括规定课程类型、设立课程门类、确定各门类课程在各年级的顺序及学时分配等。在我国，高等学校的课程设置主要由各学系、各专业教研室完成，各级各类学校课程设置的共同要求是，"既能满足社会发展需要，实现学校既定的培养目标，又适合学生身心发展规律及需求，促进其全面、和谐、个性化的发展"。《简明国际教育百科全书》中将课程设置理解为学校或其他机构安排的课程的整个范围和特征，从宏观上来说，它是指整个学习计划。综合上述各类观点，课程设置是指根据既定的培养目标，有计划、有组织地进行课程选择、课程组织与课程安排的系统化过程，目的在于形成合理的课程结构。

目前，高校德育工作主要还是依靠思想政治理论课的教学展开，而关于中国传统文化方面的专业性课程还有待设立。在结合中国传统文化与高校德育的内在契合的基础上，分析当前中国传统文化和高校德育工作在大学校园内推行所遇到的困难可以得出，高校课程设置的优化升级是十分迫切，且必要的。

首先，在保证学生专业课学习的同时，尽可能地多开设一些与中国传统文化相结合的德育讲堂或讲座，通过中国传统文化来提起学生对中华古老文明、中华传统美德的重视。进一步来说，在德育讲堂发展的基础上，可以在选修课程中设置中国传统文化与高校德育融合的课程，例如中华传统美德概论等这样既具有教育意义，又富有趣味的多样化课程，发挥寓教于乐的特点，在知识增长中锻炼道德品质。

其次，在重视学生外语学习的基础上，重视中文的学习。在目前高校课程设置中，大部分学校都为非中文专业的学生开设了大学语文等相关课程，意在提高学生的中文理解能力和读写水平。这些相关课程虽然已经开设，但是收效甚微，部分理科学生由于所学专业课的差异性，提不起学习的兴趣。这一现象，值得我们深思，督促我们尽快研究出既符合学生专业特点，能够调动学生学习兴趣，又能够提升学生对中国语言文学的掌握和运用能力的有效措施。例如，在课程的设置中，在重视基础理论知识的前提下，从文学历史中具有经典意义和教化作用的历史故事、小说入手，以精彩的情节、栩栩如生的人物塑造来提高学生的学习兴趣。

（三）提升高校教师的传统文化素养

根据《辞海》中的解释，"素养"主要有四个含义：一是修习涵养；二是平素所供养；三是素质与教养；四是平时所养成的良好习惯。根据《辞海》的释义我们可以看出，"素养"相对于"素质"更加强调后天"养成"。我国传统文化对素养的解释是："修习涵养。"如：科学素养、道德素养、人文素养等。《汉书·李寻传》："马不伏历，不可以趋道，士不素养，不可以重国。"这种观点认为素养是人在不断演变发展过程中逐步形成的文化特性、精神品质、态度和观念上的特点，更加注重公民基本素养的提升的过程。

综合之，中国传统文化素养是指"人们在其自身所原有知识基础上，通过我国传统文化教育的作用形成的包括传统文化道德、后天精神因素以及传统文化能力等在内的诸多品质的总和"。它是人们经过长期的学习和实践活动逐渐积累而成的并随着人的发展而不断提升的知识、能力以及道德品质等。它主要是强调人们在后天的生活中的修习，通过在学习过程中所形成的涵养的特性。发挥中国传统文化以文化人的作用，中国传统文化能够推动社会整体素养的发展，并对大学生的个人发展以及正确的价值观的形成具有积极的影响作用。

高校教师作为大学生在校园内除同学以外接触最多的人，不仅是为学生传道授业解惑的教师，而且他们的一举一动、一言一行都对学生产生着潜移默化的影响。所以，高校教师传统文化素养的高低也关系到学生的道德品质的高低。这就要求高校德育工作在重视课堂教学、课外实践这些德育工作的显性因素的同时，也要注重高校普通任课教师在学生德育教育中所起到的隐性作用，即重视高校任课教师的榜样示范作用。

首先，学校要重视高校教师队伍的传统文化素养，充分利用培训、交流和研讨等方式来逐步提升高校教师的传统文化素养。其次，作为高校教师，自己也应该端正自己的学习态度，正如中国古代谚语所说的，活到老学到老，要树立终身学习的意识，不能认为自己已为人师，就对自己的日常学习和知识积累有所懈怠。高校教师要在日常生活中有意识地去接触、学习中国传统文化，这样才能够将中国传统文化真正运用到自己日常的教学授课中去，在传授专业知识的同时也能加强学生对中国传统文化的兴趣和理解。如果高校教师在课堂中以多样化的传授形式、从多个角度向学生展示中国传统文化的魅力，不仅对中国传统文化的弘扬，而且对高校德育工作的展开都是十分有意义的。

三、为中国传统文化与高校德育融合营造良好的社会环境

围绕德育来谈环境，就必须界定好德育环境的概念。第一，德育环境的中心项是德育，只有对德育产生影响的环境才属于德育环境。第二，德育环境对德育的影响表现在两个方面：对人的思想品德的形成和发展的影响，对德育活动的影响。

目前，学界对德育环境的界定主要有三种观点：第一种观点将德育环境理解为德育活动存在和发展的外部条件，即德育以外的自然环境和社会环境。第二种观点认为德育环境是教育者为实现德育目标和任务而设置或使用的具有教育因素的环境，即德育活动的内部情境。第三种观点认为德育环境是指影响人的思想品德形成和德育工作的外部因素的总和。

从上面三种不同的观点可以看出，第一种定义比较宽泛，没有触及德育这一中心对象；第二种定义虽然强调了德育活动的内部过程，但它忽略了整个社会大环境对德育活动以及人的思想品德的形成和发展的影响，这也是不全面的；第三种观点相对而言比较全面，所定义的德育环境既包括了对人的思想品德的影响，也包括了对德育活动的影响。

因此，德育环境是指对人的思想道德素质形成、发展和德育活动产生影响的一切外部因素的总和。

马克思指出人的本质是一切社会关系的总和，据此，我们可以深刻地了解到社会环境对一个人所具有的重大的影响。举一个生活中常见的例子，在一杯清水中滴入一滴墨水，哪怕是非常微小的一颗墨珠，也会在清水中迅速扩散，直到整杯水都被染上墨色。由此可见，塑造一个良好的社会大环境，对于身处社会中的每一个公民都是十分重要的，这样不仅能提升公民的道德意识，而且能够增加大学生对中国传统文化的兴趣与热爱。

为此，我们应在具体分析现代文化的基础上，积极地促进中国传统文化与现代文化的有机融合，而不是任由我国青年群体，特别是大学生群体盲目哈韩、哈日，对外来文化不加辨别的加以崇拜。在这个文化高速发展的时代，对外来文化，我们要以辩证否定的思想来看待，一方面要吸取其精华成分加以利用，另一面也要学会有效鉴别其中的糟粕予以摒弃。

首先，这就要求我们，要更加慎重地对待本国文化。一方面，要对我国历史文化古迹加以重点保护。作为历史留给我们的宝贵礼物，作为不可复刻的珍贵文明，我们要加大对文化古迹的保护力度。这些文明古迹不仅仅是蕴含着中国传统文化的宝贵遗产，更是大学生德育的有效素材。这些真实存在的、积淀着中华古老文明的历史遗迹，更容易为大学生所信服，从而在无形中加强他们对中国传统文化的认同感，也督促他们用几千年来传承下来的中华传统美德来规范自己的日常行为，审视自身的不足，以便加以改正。另一方面，在保护文化古迹的基础上，也要适当地降低这些文化古迹的参观费用，降低公民进行中国传统文化熏陶的成本，鼓励每一位公民参与到中国传统文化的继承与发扬中来。

其次，结合新时代下网络技术和新媒体技术的飞速发展，我们应该借助网络、电视等一系列的多媒体平台，对中国传统文化中所蕴含的知识、美德加以弘扬和宣传。必须承认的是，自从习近平总书记提出"文化自信"这一概念之后，社会范围内对中国传统文化的关注程度有了显著的提高。一些富有中国传统文化教育意义的电视节目也出现在了大众眼前。比如，中华诗词大会、中华成语大会、中华谜语大会等节目受到了民众的广泛关注。一家人离开电脑、放下手机，围坐在电视机前，一同猜谜语、咏诗词、学成语的情景比比皆是。这就向民众宣扬了中国传统文化，增加了民众对中国传统文化的认同感，而这些节目中的大学生选手更是对广大的学生群体们起到了榜样示范的作用，一时间朋友圈猜谜语、填诗词等游戏的热度大增。

最后，每个公民都应肩负起传承中国传统文化，弘扬中华传统美德的历史重担，都应做到主动提高自己的文化道德素养，营造良好的社会氛围，正如我们耳熟能详的公益广告宣传语所说的那样，每个人都迈出文明的一小步，那么整个社会就将朝着文明迈出一大步，这体现了马克思主义唯物辩证法中所提出的"量变与质变"的规律，只有每个人都真正地重视自身的修养，注重时刻反省自身所存在的不足并加以改正，并且在日常的生活中重视中国传统文化的继承与创新，那么才能使关注中国传统文化和提升自身道德修养的观念蔚然成风，从而也为大学生的德育工作提供熏陶和示范的作用，让中国特色社会主义事业的建设者们成为有理想、有道德、有文化、有纪律的"四有新人"。

四、注重家庭教育方面中国传统文化的渗透

家庭教育是指家长（包括父母及长辈）有意识地通过自己的言行对子女实施以身心健康为内容的、旨在培养有益于家庭和社会需要的成员的影响与活动。

家庭是通过婚姻、血缘或收养的关系联系起来的人群。随着经济社会的发展，现代社会逐渐由传统的大家庭向规模小的核心家庭转变，家庭人口逐渐相对减少。而一个家庭进行家庭教育的主体既包括施教主体也包括受教主体。一般来说，施教主体包括家中的父母及长辈如姥姥姥爷、爷爷奶奶，受教主体也就是教育对象即家庭中的子女。家庭小型化的社会特点往往使得父母成为最重要的施教主体，爷爷奶奶或姥姥姥爷成为辅助性的施教主体。但在范围更广的农村，随着农民工群体的日益增大，留守子女的施教主体也更多地表现为爷爷奶奶或姥姥姥爷。

家庭教育的内容包括两个方面，即子女的身与心的健康。我国传统文化常说的养育儿女实质上体现的正是家庭教育内容的这两个方面。在家庭教育的过程中，首先要养一养身体，从呱呱坠地的婴儿长成为一名健康的成年人离不开家庭的养育；其次，家庭教育还要育一育心理，对青少年的教育最重要的不是知识的教育而是心理教育特别是品格教育。

　　在实施家庭教育的过程中，家长主要是通过自己的言行有意识地影响孩子。很多人认为，家庭教育就是家长对子女的教育，即主动教育孩子的过程，例如给孩子讲道理、布置学习任务才叫做家庭教育，不主动教育的时候比如做家务、出门旅游、家庭聚会时就不叫做家庭教育。事实上，家庭教育不仅仅包括主动教育，也包括被动教育，即家长任何时候的一言一行都是潜移默化的教育手段。这里所谈到的"有意识"不仅指家庭教育中的主动教育方面，而且也包含家长自身对家庭教育形成的一定的科学认识，即已经意识到自己任何时刻的言行都会对子女形成影响。

　　现代的一些教育书籍认为家庭教育"是指父母及其他长辈在家庭内部对子女实施的教育"或"家庭中的父母与长辈等对下一代进行的教育"；辞海对家庭教育的理解是"父母或年长者在家庭内部对儿童和青少年进行的教育。不同的社会有不同性质的家庭教育……"这些概念都强调了对子女的教育，而忽略了家庭教育的最终目的是为家庭和社会培养需要的成员。青少年在家长的养育过程中成长为家庭不可缺少的一员，成为一名合格的公民，为家庭和社会的发展做出自己的贡献。

　　一个人的成长、发展和造就是遗传、环境、教育和实践等综合因素共同作用的结果。因此，一个人事业成功与否及其对社会做出的贡献大小都是与其自身先天的生理状况、后天的家庭环境及持续终生的家庭教育、家庭对他的实际生活的支持和监督分不开的。人类教育作为一个系统工程，包括家庭教育、学校教育和社会教育，三者相互关联并且应有效地结合在一起。成功的教育，应该是家庭教育、学校教育和社会教育三者有效整合的体现，而家庭教育是最基础的教育，是学校教育和社会教育的有益补充，它对青少年的身心发展与品格的形成起着不可或缺的重要作用。良好的家庭教育能够使青少年的身心与品格得到健康发展，能够帮助孩子适应学校教育，使孩子成为适应时代和社会发展的有用人才。相较于学校教育和社会教育，家庭教育由于其独特的优势，对青少年健康成长起着非常重要的作用。所以，要重视家庭教育方面中国传统文化的渗透。

　　高中毕业，踏入大学校园的学生一般都已年满18周岁，具有一定的是非判断能力。但是，我们仍需注意到，在经历了中学以学业为主的学习时期之后，刚刚步入大学校门的学生，其性格发展和行为习惯的形成还处于待成熟的时期，周围的一切对他们来说都是那么新鲜且有诱惑力，在这个特殊的阶段，家庭教育和学校教育同样重要。因为大学生除了在校上课学习的时间以外，包括寒暑假在内的很长一段时间都是在家庭中与父母一起度过的，父母的言传身教、对他们的心理疏导，在大学生成长成才的道路上起着举足轻重的作用。所以，在家庭教育当中父母也要懂得运用中国传统文化中所包含的传统美德对大学生进行教育和影响。

首先，要营造温馨友爱的家庭氛围。中华民族作为一个历经千年的古老民族，其宗族观念也在历史中传承了下来，自古以来，就提倡营造尊老爱幼、和睦友善的家庭氛围。就现实层面来说，良好的家庭氛围与孩子的道德修养水平、价值取向是密切相关的。

因此，父母在家庭活动中可以有意地就一些时事新闻与孩子展开讨论，关注孩子的思想动向，并适时地以中华优秀传统美德对孩子加以引导，帮助孩子树立正确的价值取向和理想信念。同时，要重视良好家风的养成。所谓家风，就是指家庭或家族中世代相传的生活作风。它一旦形成，就对家庭子弟具有很强的教化作用，良好的家风对孩子的成长也有非常重要的作用。

当今大学生对司马光都不陌生。司马光作为北宋的政治家、历史学家，在政治历史方面都有很大成就，且在当时的朝廷中也占有非常重要的地位，但他取得的所有成就都没有使他骄傲自满。他严于教子，很注重培养子女自律自立意识，为了教导自己的后人为人处世之道，培养他们高尚的品格，他写下了传诵至今的《训俭示康》。正是由于司马光教子有方，他的儿子们都很谦逊有礼，从不依仗父亲的权势和财富，而是依靠自己的不懈奋斗最终都有所成就，以至流传着"途之人见容止，虽不识皆知司马氏子也"美谈。

而我们所敬爱的周恩来总理，也是一个重视家风的人，周恩来总理在革命时期和建设时期都做出了举世瞩目的贡献。周恩来总理虽然没有自己的亲生骨肉，但是周家也是一个大家庭，有着像普通家庭一样例如生老病死、求学就业等一系列的问题。周恩来总理针对这些真实存在的问题，在中华人民共和国成立后，一直在思考解决方法。后来他制定了十条家规，要求大家族中的后辈要严格遵守，其主要内容围绕着自己的家人在社会生活中不允许搞特殊化、不许炫耀、不许谋私利等问题展开，在大家庭内部营造了一种良好的家风。周恩来总理作为一国的总理，每日的工作十分繁忙，但是却依旧关注自己家庭的家风建设，这也正是周恩来总理受到全国人民爱戴的原因之一。

其次，父母要时刻以传统美德规范自己的言行，以起到榜样示范的作用。大学生的思想正处于成熟期，父母的言谈举止、思想观念对他们的影响十分明显。因此，在家庭生活中，父母就要自觉地践行社会主义核心价值观的要求，用实际行动来践行中华民族流传至今的传统美德，例如热爱祖国、尊敬和孝顺父母、对邻里友爱互助、尊师重道、帮助弱小等，以自己的实际行动来教育孩子，促进其正确人生观、价值观的形成，使其养成高水平的道德素质。

最后，要注重与孩子的沟通和交流，时刻关注孩子的心理动向，对于孩子产生的负面情绪要及时疏导，以免孩子走上歧途。虽然大学生大多已经步入了成年人的行列，但是在他们的成长过程中，父母的关注仍然是十分有必要。父母不能觉得孩子长大了，就任由其发展，也不能只重视孩子的物质富足，而忽视孩子的精神世界，要在尊重孩子自由成长和选择的同时，适时适当地给予孩子以正确的价值导向和心理疏导，在帮助他们健康成长的同时，也促进其道德水平的提升。

第二节　中国传统文化与高校德育教育融合的发展趋势

当前，国内外形势正在发生着深刻而复杂的变化，高校作为人才培养的主阵地，是中国发展的关键一环。作为多元思潮碰撞的场所，高校做好中国传统文化的传承与发展工作，积极开展高校德育教育课程，并将两者有机结合，是高校服务于中国教育发展战略的重要工作之一。

新的时代要求与社会发展需要，为高校德育教育提出了新的考题。高校要正确把握未来发展趋势，使中国传统文化更好地融入新时代高校德育教育的发展中，发挥中国传统文化作为精神财富的重要力量，以及高校德育教育的道德指引作用，实现大学生文化自信与道德素养的提高。

一、注重坚持中国特色社会主义教学方向

方向决定道路，道路决定命运。坚持什么样的办学方向，关系到教育事业的兴衰和社会主义现代化建设全局。办好教育，方向是第一位的。在办学问题上，习近平总书记多次指出我国是中国共产党领导的社会主义国家，我们办的是社会主义教育。因此，我们要坚持以马克思主义为指导，坚持社会主义办学方向。新时代高校要培养能为社会主义社会发展做出自己贡献的人才。

千百年来独特的历史文化底蕴，决定了中国必须走出自己的发展道路，教育亦是如此。高校是培养中国特色社会主义的建设者和接班人的主要阵地，更是多元思潮汇聚的场所，高校德育教育的重要性不言而喻。正确的道德文化指

导犹如灯塔，为正在成长中的学生指明前进的方向。帮助学生系好人生第一粒扣子，树立正确的价值观和道德观是高校的责任，也是国家和社会的热切需要。

高校将围绕立德树人这一教育的根本任务开展教学活动，在遵循高校学生认知规律和教育教学规律的基础上，使中国特色社会主义高校德育教育能够贯穿于高校教育、职业教育、继续教育等高等教育领域之中。同时按照分专业、分年级、有序推进的原则，将中国传统文化全方位融入高校德育教育的全过程中。

加强中国传统文化在各类学科专业教育及社会实践的各个环节中的引导地位。以中国传统文化为核心，围绕中华美德与社会主义核心价值观，展开课堂教学工作。同时，抓住新时代发展机遇，适时展开"四史"与"党史"学习教育。在实践活动中了解中国传统文化，领会国家治国理政的战略思想，传承革命优秀传统。激发高校学生的爱国热情，增强他们的文化认同感。使大学生树立远大理想，并坚定愿意为之奋斗的坚定理想信念。保证高校中国特色社会主义办学方向不偏离，实现培养合格的中国特色社会主义事业的接班人的教学目标。

二、注重以人为本的教育思想

以人为本，就是以人为中心，把人作为根本，一切为了人，一切依靠人，坚持人的自然属性、精神属性和社会属性的辩证统一。以人为本具有三层基本含义。

第一，以人为本充分肯定人在社会发展中的主体地位与作用。关注人的价值和意义，强调人的全面、自由和协调发展。

第二，以人为本是一种价值取向，即强调尊重人、解放人、依靠人、为了人和塑造人。对以人为本的含义侧重从人的要素内容来阐发，即在明确人的主体地位基础上的对人本身的认识，主要包括人的生命、人的权益、人的个性以及人的尊严等。具体来说，尊重人的生命，也就是让人的生命价值高于一切；尊重人的个性，也就是让人的个性能得到健康培养与塑造；尊重人的利益和权利，也就是让人能够行使自己的合法权利并获取正当的利益；尊重人的自由，也就是让人始终能保持自主意识和自主能力；尊重人的尊严，也就是让人不再成为被控制、被奴役和被宰割的对象或工具，使每个人都有自己的人格、个性和尊严。

人人都是人格的主体，都有人格的尊严。凡是涉及人性发展的方面，都是值得理解和尊重的。每个人既要尊重自己，也要尊重他人。以人为本就是要把人当作人，既要把自己当作人，也要把他人当作人，这就是坚持以人为本最基本的要求。

第三，以人为本是一种思维方式。以人为本思想要求我们在分析、思考和解决一切问题时，既要坚持运用历史的尺度，也要确立并运用人的尺度，既要关注人的生活世界，也要对人的生存和发展确立终极关怀。另外，作为一种理念，以人为本可以运用到人类社会活动的各个领域，但在与各个领域的实际情况相结合时，其具体的表现形式是有所区别的，因此，在具体的运用中一定要结合实际情况具体分析。

习近平总书记在全国教育大会上提出，坚持以人民为中心发展教育。这是中国教育事业改革发展的出发点和落脚点，也是未来办好人民满意的教育的根本遵循。

中华人民共和国成立以来，在党和国家的高度重视下，中国建成了世界上最大规模的教育体系。为中国和世界培养出了一批又一批的优秀人才。中国特色社会主义进入新时代，这意味着高校教育的教育目标不单单只是培养人才，而是更加注重学生的全面发展。首先，新时代高校教育的立德树人的教育根本任务的实现需立足于以人为本这一前提。高校开展教学活动要在遵循高校学生认知规律和教育教学规律的基础上，编写以中国传统文化为核心，以中华美德与社会主义核心价值观为主要内容，结合社会实践，适合高校学生的教材。高校要使德育教育能够贯穿于高校教育、职业教育、继续教育等高等教育领域之中，同时按照分专业、分年级、有序推进的原则，将中国传统文化全面融入高校德育教育的全过程中。加强中国传统文化在思想政治教育、道德教育、专业知识教育及社会实践的各个环节中引导地位。其次，学生作为教育的主体，是新时代高校教育改革发展中的重要一环。因此，除了承担传授专业知识这一基础任务以外，高校教育更应承担起对学生心理、道德、文化等多方面的培养责任，要更加注重回应学生关注、关心、关切的问题，要尽可能利用一切高校资源来提高学生文化素养，促进学生思想道德建设，使学生在高校学习中实现自身全面发展，让学生在高校教育过程中有实实在在的获得感。最后，高校学生的需求日益多样化。当代高校学生已不再满足于只学习本专业的学科知识，对自身发展有了更多综合性的要求，包括提高自身文化素质及思想品德修养。高校应根据自身学科优势，开设中国传统文化的必修与选修课程。人文社科类高校可以在学科专业课程中增加中国传统文化的内容。理工类高校可以加强中国传统文化相关学科建设。职业技术类院校则要结合工作实践需要，积极推进具有文化传承与发展价值的"非物质文化遗产"走进校园，拓宽学生就业思路。与此同时，各高校之间可以放开校际课程的共享与学习，加强互动交流。

三、注重综合育人的教学理念

新时代高校德育教育的内容会向更加综合的方向发展，高校德育教育内容的覆盖范围也会进一步扩大。

通过对德育教育内容范围的扩充，加强对高校学生综合素质的培养。利用课程、实践和管理三个维度，打造综合育人的新教学理念，积极引导高校学生学习中国传统文化，传承与弘扬中华传统美德。

（一）课程育人

要做到充分发挥高校课堂教学的主导作用，按要求严格落实德育课程内容建设。细化高校德育教育内容，并落实到各学科课程的教学目标之中，从而使高校德育教育能够融入高校教育教学的全过程。

（二）实践育人

要联系高校学生的生活实际，挖掘高校德育教育的课程内核。结合高校及所在省市自身资源，利用重大节日、纪念日，适时开展德育教育实践活动。在实践中学习和领悟中国传统文化，增强爱国意识，树立高尚的道德品德，提升文化素养。

（三）管理育人

为高校综合培育学生提供制度上的保证，加快推进高校治理体系现代化。根据实际发展情况，完善高校自身管理制度，提升高校综合管理水平。将新时代对高校德育教育的要求，认真细化落实在高校管理过程中，使全体教职工和学生有更多的获得感。

四、注重利用信息技术传播与应用

随着各种技术在不同领域的飞速发展和普遍运用，人们的生活出现了革命性的变化，尤其是计算机技术渗透到我们生活的方方面面，使我们的生活发生了翻天覆地的变化。由新一代通信网、物联网、新型平板显示、高性能集成电路和云计算等高端软件为主构成的新一代信息技术体系，以其产业链长、产业规模大的优势，远远超过以计算机、网络与通信技术为代表的第一代、第二代信息技术体系。新一代信息技术体系以其先导性、核心性、关键性成为社会经济发展"数字化"的基石，极大地改变了传统文化创作、生产、传播和营销等的各个环节，创造了新的文化业态。因此，社会、经济、文化等都会受到新一代信息技术影响，并产生深刻变化。

随着网络与科学技术的高速发展，中国教育将更加依赖网络信息技术的传播与应用。新冠疫情期间，线上学习得到了进一步的发展扩大，相比之前学校课堂的授课形式，线上学习更加便捷，也不容易受到时间和空间的限制。

未来，"互联网+"将成为高校教育的另一种教学方式，以弥补传统课程教学的不足。高校将更加积极整合调动网络与多媒体资源，统筹多方力量，并充分利用公共机构在传承发展中国传统文化中的作用，开展与图书馆、博物馆、美术馆等公共机构的线上活动。让高校学生不出校门就可以感受中国传统文化的魅力。高校可以利用互联网传播信息能力强的特点，加强校际的合作交流，开设线上通识课程或选修课程，加强高校德育教育的学习，在国家重大节日期间，采取线上互动、线下实践的方式来提高学生参与热情，提升学生爱国情感，增强学生对中国传统文化的认同感。同时定期举办的各类主题文化活动，可以利用高校网络官方媒体平台，将活动视频进行上传，让学生有更多的参与感与获得感。

高校在利用互联网平台进行中国传统文化与德育教育的同时，也要加强对学生使用互联网等新媒体平台时的道德观与价值观的引导。近些年，个别高校学生在网络平台上的不当言论引起的负面话题常常引起社会热议。在互联网不断发展的今天，需要高校积极承担引导和监管责任，帮助学生在互联网时代守住道德底线，践行社会主义核心价值观，提升自身文化素质。

参 考 文 献

［1］ 李太平，刘亚敏. 学校德育的使命：重建中华民族共有精神家园［M］. 武汉：湖北教育出版社，2013.

［2］ 吴德勤，刘友古. 通识教育背景下高校德育创新：理论与实践［M］. 上海：上海大学出版社，2013.

［3］ 柯玲，邵荣. 民俗文化的现代德育价值与实践［M］. 上海：上海人民出版社，2016.

［4］ 王一鸣. 新形势下应用型高校德育和创新创业［M］. 北京：光明日报出版社，2018.

［5］ 杨洋. 生命视阈下的传统道德与高等体育院校德育变革［M］. 成都：电子科技大学出版社，2017.

［6］ 毋丹丹. 传统教师德性的现代诠释［M］. 上海：同济大学出版社，2017.

［7］ 姚运肖，韦地，王飞. 传统文化精神与大学生思想政治教育［M］. 北京：国家行政学院出版社，2018.

［8］ 陈安琪，欧甜，周硕. 传统文化下的高校生态德育研究［M］. 西安：世界图书出版西安有限公司，2018.

［9］ 李玉冰，李永贵，杨海燕. 中国传统文化视域下学生德育研究［M］. 沈阳：辽海出版社，2020.

［10］ 周宏. 教化与文化：传统大学德育的时代面向［M］. 北京：中国社会科学出版社，2019.

［11］ 朱美燕. 立德树人：高校生活德育实践［M］. 上海：上海交通大学出版社，2019.

［12］ 焦金波. 多元文化中“生活认知”道德教育研究［M］. 徐州：中国矿业大学出版社，2019.

［13］ 宋眉，俞晓群，吴刚. 传统文化艺术资源的当代转化［M］. 杭州：浙江大学出版社，2019.

［14］ 汤忠钢. 传统文化与人文精神［M］. 北京：光明日报出版社，2020.

［15］ 李安增. 马克思主义与中国传统文化研究［M］. 济南：齐鲁书社，2020.

［16］ 姬喆，蔡启芬，张晓宁. 中国传统文化元素与艺术设计实践［M］. 长春：吉林文史出版社，2021.

［17］ 黄艳. 民族传统文化德育资源融入少数民族大学生德育研究［J］. 广西社会科学，2017（05）：210-213.

［18］ 李玉强，潘昌伟，马晓君. 基于传统文化德育功能下的立德树人路径研究［J］. 辽宁经济职业技术学院. 辽宁经济管理干部学院学报，2018（04）：96-99.

［19］ 何俊. 传统文化德育价值及其在思政课堂中的应用［J］. 佳木斯职业学院学报，2018（11）：150.

［20］ 杨文文. 中华优秀传统文化德育思想融入立德树人实践研究［J］. 边疆经济与文化，2019（12）：43-46.

［21］ 石俊. 新时代优秀传统文化与高校德育融合研究［J］. 文化创新比较研究，2019，3（27）：40-41.

［22］ 朱红梅. 中华优秀传统文化认同教育融入高校德育探绎［J］. 韶关学院学报，2019，40（11）：14-18.

［23］ 张玲. 新时代儒家优秀传统文化在高校德育中的机遇和挑战［J］. 知识经济，2019（33）：151-152.

［24］ 聂翔雁，田馨婷. 中华优秀传统文化融入高校德育的价值意蕴［J］. 白城师范学院学报，2020，34（06）：60-63.

［25］ 管婷婷. 传统文化视域下高校德育工作的多维解读［J］. 淮阴师范学院学报（哲学社会科学版），2020，42（05）：449-452.

［26］ 秦茂森. 新常态下中华优秀传统文化与高校德育融合的保障体系构建研究［J］. 教育探索，2020（05）：60-63.